A ma Frère
que j'aime .

Michel Garneau

370/400

LES ÉDITIONS

DU COLLÈGE AHUNTSIC

ANTHOLOGIE
POÉSIE
QC
1827-2007

Les Éditions du Collège Ahuntsic
9155, rue Saint-Hubert
Montréal (Québec) H2M 1Y8

Catalogage avant publication de Bibliothèque et Archives nationales du Québec et Bibliothèque et Archives Canada

Les poètes disparus du Québec, 1827-2007 : anthologie
Comprend des réf. bibliogr. et un index.
Pour les étudiants du niveau collégial.

ISBN 978-2-922863-13-0

1. Poésie québécoise – 19ᵉ siècle. 2. Poésie québécoise – 20ᵉ siècle.
I. Dostie, Gaëtan.

PS8295.5.Q8P63 2007   C841'.30809714 C2007-940778-1
PS9295.5.Q8P63 2007

Infographie : Josiane Rainville
Maquette de la couverture : Jean-Michel Lemieux et Josiane Rainville
Illustrations : Mireille Desrochers
Manuscrits, photos et autres documents : collections de Gaëtan Dostie, sauf indication contraire

Les Éditions du Collège Ahuntsic désirent remercier Madame Michèle Lamquin-Éthier, députée de Crémazie d'avril 2003 à mars 2007, pour son dévouement et les démarches entreprises auprès des ministères de l'Éducation, des Affaires municipales et de la Culture et des Communications ; la direction du collège pour son soutien et l'aide financière apportée ; Madame Danielle Shelton des éditions Adage, pour son implication dans la recherche des ayants droit et la gestion des autorisations de publication des poèmes.

Avis : l'éditeur demande aux ayants droit qui sont demeurés introuvables au moment d'aller sous presse de bien vouloir le contacter afin de négocier une entente ; les textes biographiques inclus dans cette anthologie sont l'entière responsabilité de Gaëtan Dostie.

Dépôt légal : 3ᵉ trimestre 2007
Bibliothèque et Archives nationales du Québec
Bibliothèque et Archives Canada

ISBN 978-2-922863-13-0

Imprimé au Canada

Gaëtan Dostie

Anthologie

Les *Poètes*

Disparus

du Québec

1827-2007

Les Éditions du Collège Ahuntsic remercient
le gouvernement du Québec et le Collège Ahuntsic
pour le financement du présent ouvrage.

Remerciements

Si le courage des poètes doit être salué, ce sont leur succession, leurs éditeurs et autres ayants droit qu'il faut remercier ici chaleureusement de nous permettre de reproduire ces poèmes.

La tradition d'excellence des artisans du livre trouve sa quintessence dans l'édition poétique depuis les débuts, en 1830, alors que Ludger Duvernay, avant de fonder une société nationale, imprimait le premier recueil de notre histoire poétique. Ce recueil était déjà illustré de petites gravures dont celle d'un harfang des neiges qui allait devenir, coïncidence, le symbole aviaire du Québec à la fin du siècle suivant.

Souvent, le poète fut son propre éditeur. Albert Ferland, par exemple, en dessinant la maquette du livre fondateur de notre littérature, *Les Soirées littéraires du Château de Ramezay* (1900), est l'initiateur de cette haute tradition. En 1949, Roland Giguère la mènera à des niveaux inégalés; avec Gaston Miron, ils incarnent tous deux la hardiesse, la générosité des éditeurs de poésie jusqu'à aujourd'hui. Même s'il y en a peu de traces dans cette anthologie, tous les grands artistes du Québec ont illustré les poètes. Le livre d'art, tout comme le livre d'artiste, furent à l'origine des œuvres poétiques. Pierre Guillaume a imprimé, à lui seul, la plus grande part du livre d'art dans la tradition de Gutemberg. Que tous ces artisans soient remerciés.

Nous avons à regretter le refus inexpliqué des Écrits des Forges de nous accorder quelque droit de reproduction que ce soit. Nos demandes pour les textes essentiels de Gatien Lapointe, pour certains des meilleurs poèmes de Denis Vanier, pour ceux de plusieurs autres que nous avons pu substituer sont restées sans réponse! Nous devons remercier en particulier les successions de Joseph Bonenfant, Madeleine Saint-Pierre et Alphonse Piché qui nous ont offert leur collaboration.

L'illustration de ce volume doit beaucoup à la passion de collectionneurs qu'il faut remercier. Ainsi, la photo de 1890 prise chez Alfred Garneau, reproduite ici, fut longtemps conservée par Simone Routier qui l'avait offerte à Luc Lacoursière; à sa mort, elle fut vendue à l'encan. Lacoursière fut le maître d'œuvre de cette collection du *Nénuphar* où sont parus les classiques de la poésie d'avant la fondation de L'Hexagone en 1953; c'est à lui que nous devons la sauvegarde des manuscrits d'Eudore Évanturel. Je tiens à affirmer ma gratitude à tous les poètes qui m'ont confié des manuscrits et des archives depuis 1960, tous les collectionneurs et aussi les marchands. En particulier, à travers Gaston Miron, je salue ceux qui sont disparus. Pour l'illustration de l'anthologie, je remercie Angéline Doucet-Nadeau et France Desjarlais, Nicodème Camarda, Céline Cartier, François Daoust, Micheline Paré et Pierre Trochu.

L'apport des chercheurs littéraires est déterminant pour connaître notre poésie; en exprimant ma reconnaissance et mon admiration pour le travail titanesque de pionnier d'un Réginald Hamel ou d'un Paul Wyczynsky tout comme celui de chercheurs étrangers, telle Odette Condemine pour l'œuvre de Crémazie, je salue tous les chercheurs d'aujourd'hui.

Ce livre doit tout à l'initiative, voilà quinze ans, de Michel Drainville, du service d'animation du Collège Ahuntsic, de créer le recueil de poésie intercollégial *Pour l'instant*. Son enthousiasme contagieux a canalisé les énergies d'une équipe de professeurs et d'étudiants; Josiane Rainville réalise ici son travail de fin de cours avec un degré d'excellence qui force l'admiration. Je souhaite à tous un lecteur attentif et admirable comme l'a été pour moi, Francis Favreau. Merci de m'avoir donné ce privilège de travailler avec vous.

Enfin, merci à François Daoust, pour son soutien indéfectible dans la poursuite de mon travail.

Gaëtan Dostie

Avant-propos

« Aimer, c'est agir. »
Victor Hugo

Cette anthologie s'inscrit dans les célébrations du 15ᵉ anniversaire du recueil poésie intercollégial *Pour l'instant*.

La première édition de *Pour l'instant* remonte à 1993, alors que la rumeur courait à propos de l'abolition par le ministère de l'Éducation de certains cours au collégial, dont celui de poésie. En 1994, elle était confirmée.

Nous avons voulu signifier, par cette publication, que la poésie est davantage qu'une simple matière ; elle est un moyen d'expression important utilisé par les jeunes et elle mérite une place de choix dans notre littérature. Pour le démontrer, nous avons décidé de créer un ouvrage digne des grandes publications, grâce au soutien et à l'encouragement du Collège Ahuntsic et plus particulièrement des départements de communications graphiques.

Ces quinze dernières années ont confirmé que la poésie est le véhicule privilégié de nos jeunes de l'ordre collégial. Nous avons publié au-delà de 1800 textes inédits d'auteurs provenant des quatre coins de la province.

Depuis six ans, grâce à l'Office Québec Wallonie Bruxelles et au club Kiwanis de Namur, nous organisons un échange avec la Belgique, qui permet aux élèves de découvrir nos cultures réciproques, tant en communications graphiques qu'en littérature. Depuis deux ans, Monsieur Réjean Painchaud, professeur d'infographie et responsable de l'échange, en a élargi les horizons jusqu'en France.

Le recueil *Pour l'instant* a su, grâce à l'aide et à l'acharnement de mes collègues du secteur socioculturel des Cégeps, établir un pont entre la pédagogie et les activités culturelles. Un heureux mariage venait d'être célébré!

Aujourd'hui, nous pouvons affirmer que cette édition annuelle fait partie de notre patrimoine et c'est pourquoi dans le cadre des célébrations du 15ᵉ anniversaire de *Pour l'instant*, j'ai proposé de donner en héritage au réseau une anthologie, *Les poètes disparus du Québec*. Cette œuvre existe pour ne pas oublier d'où l'on vient, pour que l'on comprenne les enjeux historiques de notre culture linguistique encore aujourd'hui menacée.

Un peuple sans culture est un peuple destiné à l'oubli. Pour préserver sa culture, il faut se battre, ne jamais reculer sur nos acquis et regarder l'avenir sans broncher.

La création de cette anthologie témoigne de notre fierté d'appartenir à la langue qui nous a bercés et qui, nous l'espérons du plus profond de notre cœur, continuera à bercer les générations futures.

Souhaitons que la lecture du fruit de cette vaste recherche, effectuée par Monsieur Gaëtan Dostie, éclaire la connaissance de notre littérature canadienne-française devenue au fil du temps québécoise.

Je m'en voudrais de ne pas mentionner les principaux acteurs qui m'ont permis de réaliser non seulement les quinze éditions de *Pour l'instant*, mais aussi le présent ouvrage. D'abord, tous les élèves qui ont collaboré de près ou de loin à ces réalisations, graphistes, infographes, pressiers, auteurs, etc. (vous êtes plus de 2000); le poète Gatien Lapointe qui m'a enseigné et orienté vers une carrière dans le domaine artistique; Jean Lemaire, aide pédagogique et bibliothécaire, qui nous a aidés à la révision de la bibliographie; et mon fidèle ami Alain Bertrand, professeur de littérature et poète, avec qui, pendant plus de vingt ans, j'ai organisé le concours mensuel de poésie ainsi que l'édition *L'envers* au Collège Ahuntsic.

Madame Michèle Lamquin-Éthier, députée de Crémazie, qui m'a épaulé et qui a consacré beaucoup d'énergie à assurer le financement nécessaire auprès des différents ministères.

Madame Mireille Desrochers, artiste-peintre et portraitiste à qui l'on doit les portraits des poètes de l'anthologie.

Madame Claire Varin, auteure et présidente de la Fondation lavalloise des lettres qui a toujours su m'encourager et m'offrir un appui à toute épreuve.

Tous les enseignants des programmes de communications graphiques du Collège Ahuntsic qui, dans l'ombre, ont toujours été là pour me soutenir, plus particulièrement : Jean Lussier, les frères Marc et Pierre Courtois, Guy Gingras, Julie Robert, Dominique Lussier, Denis Bourbonnais, Robert Legal, Benoît Tougas, sans oublier mes complices de tous les jours, Benoît Pothier et Réjean Painchaud grâce à qui je peux vous écrire ces quelques lignes.

Je tiens à souligner la participation exceptionnelle de l'équipe qui a sélectionné les textes de l'anthologie : Claire Varin (auteure), Jacinte Chevalier (professeur de littérature), Jean Lemaire (aide pédagogique individuel), Alain Bertrand (professeur de littérature) et Denis Brassard (metteur en scène).

Nous avons eu recours aux services de Madame Nathalie Boies, Monsieur Francis Favreau et Madame Paule Mauffette pour la correction d'épreuves.

Monsieur Pierre-Yves Côté, photographe et responsable de la saisie de la plupart des images.

Madame Danielle Shelton, qui a effectué la recherche des droits d'auteurs.

La conception graphique et typographique, ainsi que l'impression de la page couverture ont été l'œuvre des élèves en communications graphiques.

L'impression de l'anthologie a été confiée à l'imprimerie Transcontinental Gagné de Louiseville : un merci tout spécial à Monsieur Normand Racine pour ses conseils judicieux et sa disponibilité.

Comment remercier tous ces jeunes auteurs qui ont su me ravir et m'émerveiller depuis 15 ans autrement que par un héritage littéraire digne de leur talent!

Longue vie à la poésie et souvenez-vous que l'important, c'est le parcours et non la destination! Après tout, nous sommes là essentiellement pour apprendre!

Michel Drainville
Responsable de production

Mot de la députée de Crémazie

C'est au nom de tous mes collègues de l'Assemblée nationale et des ministères concernés que j'ai accepté d'être la porte-parole de cette édition.

Lorsque Monsieur Michel Drainville m'a présenté son projet entourant les activités du 15e anniversaire du recueil intercollégial de poésie *Pour l'instant*, j'ai accepté sans hésitation de lui prêter main-forte en l'accompagnant dans ses démarches auprès des différentes instances gouvernementales.

Ce projet, à la fois culturel et pédagogique, représente exactement les objectifs que nous nous sommes fixés en prenant place au gouvernement : améliorer et valoriser les initiatives individuelles tout en favorisant l'implication des jeunes. D'ailleurs, je distribue annuellement, à tous mes collègues de l'Assemblée nationale, le recueil intercollégial de poésie *Pour l'instant*.

Ce projet éducatif favorisera la compréhension de l'évolution de l'écriture poétique d'ici tout en permettant de mieux comprendre les enjeux et les grands mouvements littéraires québécois.

Je suis convaincue que la création de cet ouvrage inédit offrira, à la population, une nouvelle référence sur les grands mouvements littéraires qui ont marqué notre histoire.

Bonne lecture et longue vie à la poésie.

Michèle Lamquin-Éthier
Députée de Crémazie, avril 2003 à mars 2007

Mot du directeur général du Collège Ahuntsic

Depuis maintenant quinze ans, chaque printemps ravive ce terreau d'expression et d'imagination de nos jeunes cégépiennes et cégépiens qu'est devenu le recueil intercollégial de poésie.

Les responsables de la quinzième édition du recueil ont donc pensé offrir aux amis de la poésie, un peu à l'image d'un cadeau d'anniversaire, l'anthologie *Les poètes disparus du Québec*.

Ces quelque 500 pages d'anthologie vous feront découvrir, voire redécouvrir, des femmes et des hommes dont le parcours, non seulement littéraire, mais souvent politique, public ou social, a jalonné l'histoire de la poésie du Québec.

La plupart des poètes recensés dans ce recueil étaient originaires des quatre coins du Québec. Quelques-uns d'entre eux, et il est par ailleurs intéressant de le souligner, venaient d'ailleurs au Canada ou d'autres pays aussi divers que la Belgique, l'Égypte, les États-Unis, la France et Haïti.

Tous ces poètes ont disparu, mais leur âme survit un peu grâce à cet ouvrage, dont l'une des qualités majeures, et non la moindre, réside dans le rappel de leur souvenir. Si leur disparition était inéluctable, il nous incombe maintenant d'éviter que leur imaginaire, qui est aussi le nôtre, ne sombre dans l'oubli.

Je vous en souhaite une inspirante lecture.

Roch Tremblay
Directeur général

Mot du directeur de production

«Reste devant la porte si tu veux qu'on te l'ouvre. Rien n'est fermé jamais, sinon à tes propres yeux.»
Farid Al-Din Attar

Passion et persévérance accompagnent, depuis quinze ans, l'édition du recueil de poésie Pour l'instant. Chaque printemps, un groupe d'étudiants relève le défi de mener à terme ce fabuleux projet d'édition qui témoigne de la vitalité de la poésie collégiale et de son rayonnement, perceptibles jusqu'en Belgique.

Depuis 1999, en effet, un groupe d'étudiants du Québec a la chance de présenter le collectif Pour l'instant au marché de la poésie de Namur, grâce à l'aimable collaboration de son organisateur, Christian Romedenne, que je remercie chaleureusement.

Coordonner la réalisation du recueil et organiser le voyage chez nos amis Belges m'ont permis d'ouvrir mes horizons culturels et de faire des rencontres des plus enrichissantes. Ce flambeau, j'ai eu le bonheur de le reprendre de pionniers exceptionnels, parmi lesquels Jean Lussier et André Vincent, enseignants au Département d'infographie, auxquels j'exprime ici toute ma reconnaissance.

Pour le 15e anniversaire du collectif, l'idée d'une anthologie de poètes québécois disparus a germé, poussant l'équipe à se dépasser jusqu'à fonder «Les Éditions du Collège Ahuntsic».

Cette belle aventure est surtout celle de Michel Drainville, collègue enthousiaste et déterminé dont la vision hors du commun et l'inspiration communicative ont su inspirer confiance à toutes les personnes qui ont collaboré à cette réalisation d'envergure. Merci et bravo!

Réjean Painchaud
Professeur au Département d'infographie
Collège Ahuntsic

Introduction

« La poésie est une expérience profonde et mystérieuse qu'on tente en vain d'expliquer, de situer et de saisir dans sa source et son cheminement intérieur. Elle a partie liée avec la vie du poète et s'accomplit à même sa propre substance, comme sa chair et son sang. Elle appelle au fond du cœur, pareille à une vie de surcroît réclamant son droit à la parole dans la lumière. Et l'aventure singulière qui commence dans les ténèbres, à ce point sacré de la vie qui presse et force le cœur, se nomme poésie. »
Anne Hébert, début de *Poésie, solitude rompue* (1960)

En tant que chant premier des peuples, la poésie est une clé pour découvrir sa culture, l'assimiler et être créateur à son tour. Non seulement la chanson lui doit tout, la musique s'y abreuve, les œuvres graphiques la magnifient, mais du théâtre à l'épopée, des études savantes à la publicité, jusqu'au cinéma, la poésie s'inscrit dans le tissu même de la culture, en constitue une trame d'où émergent les œuvres de demain.

Les origines d'une poésie française en Amérique remontent à 1609 : Marc Lescarbot publie à Paris, *Les Muses de la Nouvelle-France*, alexandrins à la gloire du premier établissement français en Acadie, écrits et interprétés à l'occasion d'une fête nautique durant son séjour en 1606-07. Cette œuvre marque l'institution même d'une poésie française en Amérique et inaugure une tradition d'événements publics.

Sauf peut-être quelques oraisons de Marie de L'Incarnation, la poésie est absente des récits de voyages ou des *Relations des Jésuites*. De par la volonté du Roi, qui craint la diffusion d'écrits révolutionnaires, la Nouvelle-France n'a aucune imprimerie.

Au lendemain de la conquête britannique et du traité de Paris (1763), la communauté française, dépouillée de ses élites retournées dans la mère patrie, vit des années sombres. Sans véritables écoles, le folklore, la chanson et le conte gardent vive la culture française.

La fondation du *Journal Le Canadien* en 1806, organe du parti du même nom, fait naître notre littérature ; il accueille et suscite les premiers écrits littéraires.

En 1830, Michel Bibaud publie à Montréal le premier recueil de poésie de notre littérature ; il faudra attendre jusqu'en 1863 pour que Louis Fréchette publie le second, la même année que se fonde, à Québec, la revue *Le Foyer Canadien* qui donne les poèmes de Crémazie. Entre temps, en 1848-50, James Huston sort sa compilation de textes recueillis dans les journaux et les revues, en quatre tomes, *Le Répertoire national*. Pour la première fois apparaît au peuple une production littéraire originale ; une littérature est réellement fondée.

Le gouvernement établit des écoles paroissiales en 1824 et il ouvre la porte aux institutions publiques en 1829. L'école vivote tandis que la conscience des méfaits de l'analphabétisme et de l'ignorance, comme menaces à l'existence même d'une nation, s'amplifie. La Conquête n'avait permis la survivance que d'une institution secondaire, le Séminaire de Québec, qui est l'incubateur d'une élite naissante, de la plupart des hommes de lettres du XIXe siècle. En 1790, se fonde un premier collège à Montréal, sept autres seront implantés dans l'ensemble du Québec entre 1803 et 1832. Les orateurs, les nouveaux écrivains sortent de ces institutions, ce sont eux qui vont s'activer lors des troubles de 1837-38. Pour répondre à ce maître mot : « La littérature fonde la gloire des peuples », la littérature d'ici sera pour longtemps porteuse de l'idéal, défendra l'existence même de ce peuple. De Crémazie à Miron, le combat pour la défense et l'illustration de la culture québécoise est une constante. Par essence, la poésie fut tout de suite un art engagé ! Crémazie n'a pas d'autre ressort que d'attendre le secours de la France, alors que Miron se veut « sur la place publique avec les siens », avec le peuple dans sa volonté d'indépendance.

Mais l'excellence d'une littérature commande d'abord de s'ouvrir à celle de la mère patrie qui est tout autant notre patrimoine littéraire, voire à la littérature universelle ; s'ouvrir à la modernité commande un tel regard. Les collèges enseignent l'art de Boileau, mais c'est de Victor Hugo dont se réclame Fréchette. Aussi conservateur que soit l'enseignement reçu, la jeunesse sait s'émanciper des ornières, découvrir sa propre voie. Qui dit sa filiation avec le romantisme, le surréalisme, comme avec d'autres mouvements littéraires, n'est ici qu'un marginal. Jusqu'à la « Nuit de la poésie » du 27 mars 1970, les courants littéraires européens auront leurs adeptes, garderont un pouvoir de ressourcement quasi absolu. Non seulement Crémazie fit de la France sa terre d'exil, mais de Charles Gill, Marcel Dugas et François Hertel jusqu'à Alain Grandbois, Anne Hébert et Roland Giguère, elle sera le lieu de création, d'études, de longs séjours, d'une multitude de nos compatriotes. Pour toujours, c'est un point de focalisation incontournable.

Aussi, la publication de *Les Fleurs Boréales* de Louis Fréchette à Paris et le prix que lui remet l'Académie Française, en 1880, ont ici un retentissement inimaginable : comme si la France reconnaissait l'existence d'une culture française en Amérique. Cette œuvre célèbre entre toutes correspond parfaitement à cette volonté de « construire la littérature sur le passé collectif et de la faire utile ». Sérieuse, didactique certes, mais l'imagination ne manque pas, ni la passion de donner à naître une « patrie intime », la poésie ouvre la voie d'une résistance collective : un peuple se met à vivre et à exister dans son passé et son avenir.

Les associations littéraires émergent en cette fin de siècle ; la lutte entre le clergé catholique et les instituts canadiens, avec le triomphe de l'évêque de Montréal qui, en 1869, en excommunie les membres, fait momentanément de Québec le havre d'une pensée autonome. À Montréal, au lendemain de la création de la Société Royale du Canada en 1882, avec sa section française, apparaissent une multitude de clubs, de cercles et de salons littéraires. Dès son installation à Montréal, le couple Fréchette tient un salon littéraire chaque semaine. Par ces associations, la littérature gagne peu à peu son autonomie.

Les années 1890 marquent l'arrivée d'une nouvelle génération d'écrivains qui se réunissent dans des bars, tels ces bien nommés « Six éponges » qui se rencontrent tous les samedis soirs au Café Ayotte, un lieu aujourd'hui occupé par l'UQÀM. C'est eux, en novembre 1895, qui décident de fonder L'École littéraire de Montréal. Le paysage de notre littérature en est bouleversé.

Toute montréalaise qu'elle soit, cette école qui n'en est pas une, mais plutôt un cercle d'émulation littéraire, réunit petit à petit les forces vives de notre littérature : d'abord des poètes, Nelligan, Gill, Lozeau, Ferland, et à la fin, de plus en plus de prosateurs tels Albert Laberge et Claude-Henri Grignon qui publie son célèbre roman, *Un Homme et son péché* au moment où elle s'étiole. L'École littéraire de Montréal attire des membres hors Montréal, jusqu'au pays de Louis Riel, mais nulle femme. En 1899, elle tient deux soirées publiques au Château de Ramezay ; à celle du 26 mai, Nelligan y récite sa « Romance du vin » devant une foule en délire, lui qui est à la veille de succomber au sien. Voulue telle l'illustration d'une littérature française au Québec pour l'exposition universelle de Paris, la publication, en 1900, de la première anthologie des écrivains vivants que sont « Les Soirées littéraires du Château de Ramezay » de L'École littéraire de Montréal est un acte fondateur.

Trente et un des quarante-cinq membres de ce cercle habitent le Plateau Mont-Royal et se réunissent chaque semaine chez l'un d'entre eux. Ce quartier est alors le lieu de vie de toute l'élite intellectuelle de l'époque et le restera tout au long du siècle ; écrivains, musiciens, peintres, cinéastes et autres gens de culture s'y côtoient, collaborent ensemble. Les grands éditeurs de l'entre-deux-guerres que sont Albert Lévesque et Albert Pelletier habitent sur la rue Saint-Hubert de même qu'Édouard Montpetit qui contribue à la naissance de l'Université de Montréal au début du siècle. Borduas écrit son célèbre manifeste rue Napoléon ; Miron anime l'Hexagone toujours de ce quartier. Aujourd'hui, « Le Marché de la poésie de Montréal » se tient chaque année Place Gérald-Godin, au cœur du Plateau. Bientôt, y sera implantée la première « Maison de la poésie » en Amérique.

Ce siècle qui avait débuté avec une littérature rurale, une vision messianique du terroir, est perturbé rapidement par deux guerres mondiales entrecoupées par une crise économique dévastatrice. La fin d'un monde rural devenu urbain à la faveur du travail industrialisé coïncide avec l'émergence de la modernité littéraire. Elle se manifeste avec le formalisme des poètes de l'École littéraire de Montréal, avec celui de Paul Morin avec son premier recueil le *Paon d'émail* (1911), avec le renouvellement des formes classiques chez un DesRochers (1928), avec le choc que provoquent les douze numéros de la revue *Le Nigog* (1918), avec la prose poétique de Robert de Roquebrune (1916) et les vers libres et les haïkus de Jean-Aubert Loranger (1920), avec l'arrivée du psychologique, particulièrement dans le roman, et du social, dont « Jean Narrache » (1932) en est une illustration citoyenne.

Il faut attendre aussi tardivement que 1910 avant que ne paraisse le premier recueil d'une femme, et encore sous un pseudonyme (Atala). Blanche Lamontagne-Beauregard, en 1913, prend la relève, mais sa vision toute rurale est rapidement obsolète. D'autres suivront qui inaugurent avec éclat une écriture lyrique, sensuelle, passionnée, féministe : Jovette Bernier en 1924, Simone Routier, avec son *Immortel adolescent* en 1928, Éva Senécal l'année suivante, et Medjé Vézina en 1934.

Les forces vives du Québec s'intellectualisent, fréquentent les collèges classiques, s'ouvrent aux autres littératures, aux autres courants de pensée.

Les difficultés économiques des années trente n'empêchent pas une jeunesse, influencée par la philosophie personnaliste d'un Jacques Maritain et celle de la revue *Esprit*, de lancer une revue, *La Relève*, puis *La Nouvelle Relève* auxquelles Saint-Denys-Garneau est un collaborateur assidu; apparaît alors une grande poésie : l'interrogation du moi, jusqu'à la plongée intérieure, jusqu'aux remous du subconscient, jusqu'à la cristallisation de l'angoisse de ce temps. Aussi la parution de *Regards et jeux dans l'espace* en 1937, même si l'impact immédiat est sinon mitigé, plutôt négatif, marque l'arrivée d'une écriture libre dont les jeunes écrivains suivront les traces malgré les admonestations des versificateurs.

Bien sûr, Alain Grandbois avait publié en Chine en 1934, *Poèmes*, donnant le rêve telle une vision d'espoir, une écriture intime et passionnée, dont « Je veux t'écrire un poème du cœur », écrit l'année précédente, en est la quintessence. C'est cependant la parution, en 1944, des *Îles de la nuit*, illustrées par Alfred Pellan, qui le révèle et amène une révolution poétique, surtout que, de retour au Québec avec la guerre, il s'active sur la scène littéraire et radiophonique, incarnant la modernité.

L'après-guerre est une époque effervescente. En 1946, Éloi de Grandmont et Gilles Hénault fondent les Cahiers de la file indienne, s'y publiant eux-mêmes, illustrés l'un par Pellan, l'autre par Charles Daudelin, alors que Thérèse Renaud publie le premier recueil automatiste illustré par Jean-Paul Mousseau. Cette année-là, se tient la première exposition des Automatistes autour de Paul-Émile Borduas; Pellan, quant à lui, exerce un magister qui provoque une émulation exceptionnelle dans le milieu artistique et littéraire.

La collaboration entre poètes et artistes graphiques donne des œuvres lumineuses, fondatrices.

Quand, à la Librairie Tranquille, est lancé le *Refus Global* (1948), le manifeste écrit par Borduas, cosigné par ses jeunes disciples, tant Riopelle, Ferron, Mousseau, Leduc, Barbeau, etc., que ce poète immense qu'est Claude Gauvreau qui y publie ses premiers « objets », une guerre totale contre la vision passéiste et fidéiste d'un Québec dominé par un haut clergé, est déclenchée. « Place à la Magie » en fut le maître mot, et magie, il y eut en effet. Tout de suite, Paul-Marie Lapointe publie une œuvre phare chez le même éditeur que Borduas; son *Vierge incendiée*, illustré par Pierre Gauvreau, marque l'apparition du « plus grand poète québécois de tous les temps », toujours vivant, disait Gaston Miron. L'un comme l'autre font feu des mots, sortent de tous les territoires explorés; Gauvreau ira jusqu'à ne conserver de la langue que les lettres.

Pellan, quant à lui, publie son manifeste *Prisme d'yeux*, plus imprégné des valeurs artistiques de la modernité, mais sans la même implication sociale; Roland Giguère, fasciné par le Surréalisme d'André Breton, se rattache plutôt à cette mouvance, tout comme son professeur aux « Arts graphiques », Albert Dumouchel, le maître de tous les nouveaux artistes graphiques. Giguère publie en 1949, *Faire naître*, illustré par son professeur et fonde la première et la plus exceptionnelle maison d'édition d'art : Erta.

Entre temps et malgré leur concession à la prosodie classique, Alphonse Piché en 1946, Rina Lasnier en 1947, et surtout Clément Marchand (le plus vieux poète québécois vivant) avec *Les soirs rouges* (1947) amènent une vision novatrice, voire avec ce dernier, un hymne à la ville et aux travailleurs. Inspiré par la liberté et la modernité de Saint-Denys-Garneau et de Grandbois, la sensualité et l'appel à la volupté d'Isabelle Legris dans *Ma vie tragique* (1947) lui attirèrent une désapprobation de son entourage ; son importante rétrospective, *Le Sceau de l'ellipse* (1979), ne l'a pas tirée de l'anonymat.

La revue *Cité libre*, avec Pierre-Elliot Trudeau, paraît en 1950. L'année suivante, Henri Tranquille lance la revue *Place publique* dans laquelle paraît l'étrange poésie de Rémi-Paul Forgues. Puis André Goulet fonde les Éditions d'Orphée autour de Jacques Ferron ; le « Théâtre du Nouveau Monde » débute sa première saison.

L'apparition de la télévision de Radio-Canada en 1952 a un impact déterminant certes, mais c'est la parution des *Poésies complètes* de Nelligan qui fait enfin connaître ces racines bouleversantes et qui donne un élan à la jeunesse.

Un groupe de jeunes justement, issu de l'organisation folklorique « L'Ordre du bon temps », vient de fonder les Éditions de l'Hexagone en 1953 avec la publication de *Deux sangs* de Gaston Miron et Olivier Marchand. Non seulement la plus importante maison d'édition de poésie naît, mais, pour la première fois, la poésie a un lieu, un point de convergence et, surtout, un animateur incomparable, un chef de gang, un révolutionnaire culturel, entame son périple : Gaston Miron.

Au même moment, à Québec, autour du jeune Gilles Vigneault, un groupe s'agite tout autant ; ainsi est fondée la revue *Émourie*, le premier balbutiement des Éditions de l'Arc qui en naîtront, accompagnant Vigneault devenu un monument de la poésie et de la chanson, éditant ses amis, Félix Leclerc et Sylvain Lelièvre.

Toujours en 1953, à Québec, paraît, grâce à Roger Lemelin, *Le Tombeau des rois* ; Anne Hébert avait déjà publié, en 1942, un premier recueil de textes malhabiles, empreints d'un mysticisme qu'elle dynamise, transforme dans cette extraordinaire poésie qui ouvre sur l'universel, comme sur l'intime. Quand, en 1960, le Seuil publie *Poèmes*, son œuvre a un retentissement mondial.

En 1953 aussi, autour de Roland Giguère et du peintre Gérard Tremblay, partenaires dans l'aventure des Éditions Erta, s'active un jeune Français, arrivé au Québec la veille du lancement de *Deux sangs* auquel il assiste, Claude Hæffely. Ensemble, ils éditent des recueils éblouissants, à commencer par ce chef-d'œuvre qu'est *Totems* de Gilles Hénault, illustré par Dumouchel; Hæffely en publie deux, l'un illustré par Anne Kahanne, le suivant par Gérard Tremblay. Il édite également un poète d'origine croate, Alain Horic, illustré par Jean-Pierre Beaudin. En 1954, paraît *Les armes blanches* de Giguère avec, pour la première fois, ses illustrations et ce poème époustouflant : « Roses et ronces ». Quand, en 1965, paraît à L'Hexagone sa rétrospective, *L'Âge de la parole*, le titre même sera utilisé pour qualifier cette période.

Si « Révolution tranquille » il y eut, c'est que la soif et l'énergie de cette jeunesse qui rêvait de changer le monde semblaient inépuisables; son besoin de connaissances aussi. Toujours contrôlé par l'Assemblée des évêques du Québec, le système d'éducation se fissure de partout. L'investissement nécessaire va pousser le gouvernement, petit à petit, à prendre ses responsabilités, ce qui mènera, en 1964, à la création d'un premier ministère de l'Éducation.

Ces années 60-70 voient naître le Québec moderne. La poésie est à l'avant-garde de ce combat décisif. Les jeunes de L'Hexagone, autour de Jean-Guy Pilon, fondent en 1959, la revue *Liberté*, toujours vivante; autour de Jacques Ferron, c'est *Situations* qui préfigure *Parti Pris*.

En 1962, le jeune Michel Beaulieu dirige le journal des étudiants de l'Université de Montréal, *Le Quartier Latin*. Il fonde la première maison d'édition étudiante, Les Cahiers de l'Association Générale des Étudiants de l'Université de Montréal, où paraissent le premier recueil de Paul Chamberland avec, insérés, des bois de Marie-Anastasie, et le premier essai de Guy Robert. En 1965, il fonde les Éditions Estérel, une maison d'édition d'art d'avant-garde, et la revue éphémère *Quoi*.

L'effervescence de ces années est indescriptible. La tenue de « L'Exposition Universelle de Montréal » en 1967 est un choc culturel déterminant. Montréal attire de plus en plus de nouveaux migrants : Michel van Schendel, Patrick Straram, etc., puis la diaspora littéraire haïtienne amène ici ses plus grands poètes. De plus en plus, le Québec s'ouvre au Monde.

En octobre 1963, au moment où éclatent les premières bombes du Front de Libération du Québec (FLQ), de jeunes révolutionnaires, partisans d'un Québec socialiste, lancent la revue *Parti Pris* et mènent le combat du « joual ». Avec le numéro de janvier 1965, « Pour une littérature québécoise », ces jeunes loups, auxquels s'est associé Miron, donnent son coup de mort à cette littérature dite « canadienne-française ». Toute la culture adoptera le qualificatif « québécois »; cela aura pour effet de libérer les autres communautés françaises du Canada qui appliqueront cette pratique à leur tour.

La publication à Paris, en 1962, de *La poésie canadienne contemporaine de langue française* d'Alain Bosquet, situe notre poésie pour la première fois parmi les grandes. En 1968, quand il voudra en publier une édition augmentée, Gaston Miron et Gérald Godin, qui dirige les Éditions Parti Pris, l'obligent à changer son titre qui devient : *Poésie du Québec*. La poésie acquiert sa dénomination « québécoise »; après cette reconnaissance parisienne, l'expression sera consacrée universellement.

La création, par Georges Cartier, de la Bibliothèque nationale du Québec en 1967 se fit dans une discrétion telle qu'il n'y eut pas même d'inauguration. Cependant, son rôle grandissant donnera ses assises les plus solides à toute la culture; la réussite exceptionnelle de la Grande Bibliothèque, sous l'égide de Lise Bissonnette, démontre amplement la transformation même de la littérature que suscite et accompagne cette institution vitale à l'épanouissement de notre culture.

De 1967 à 1969, sous la direction de Pierre de Grandpré, en collaboration avec les plus éminents chercheurs littéraires, paraît l'*Histoire de la littérature française du Québec*. Pour la première fois, l'ensemble de la littérature, des écrits de la Nouvelle-France à nos jours, est accessible. Le troisième tome est entièrement consacré à la poésie depuis 1945. Par comparaison, le quatrième est consacré à tous les autres genres littéraires réunis. Illustration, s'il en est, du rôle moteur de la poésie durant toutes ces années.

En 1968, les frères François et Marcel Hébert créent la revue *Les Herbes Rouges*, titre inspiré par un recueil de Jean-Paul Filion. Ils fondent, aux Éditions de l'Aurore (1971), une collection importante : *Lecture en vélocipède*, titre du recueil d'Huguette Gaulin qu'ils éditent au lendemain de son suicide par le feu, Place Jacques-Cartier. Au même moment (1968), Louis Geoffroy crée ses « Éditions de L'Obscène Nyctalope ».

En 1968 aussi, les prémices des grands spectacles poétiques se discernent à travers « La Semaine de poésie » que Claude Hæffely organise à la Bibliothèque nationale. Le premier spectacle de financement pour la « défense des prisonniers politiques », « Chansons et poèmes de la Résistance », initiative de Pauline Julien et Gaston Miron, se tient à l'automne, à la suite de l'arrestation, devant le siège de l'ONU à New York, de Charles Gagnon et de Pierre Vallières qui vient de publier *Nègres blancs d'Amérique*. Gaston Miron en tête, Claude Gauvreau, Gérald Godin, Georges Dor, Gilles Vigneault, Robert Charlebois, Yvon Deschamps et d'autres donnent à cet événement un impact considérable. En particulier, Michèle Lalonde écrit, pour ce spectacle, ce poème éclatant qu'est *Speak white*.

Le cinéma documentaire allait provoquer, le jour du Vendredi saint 1970, l'événement fondateur de la poésie vivante, la « Nuit de la poésie » : une prise de parole totale, multidisciplinaire, polymorphe. Gaston Miron anime ; Michèle Lalonde bouleverse ; Claude Gauvreau engendre un délire ; Gérald Godin s'engage ; Raoul Duguay jubile ; Gatien Lapointe séduit ; des jeunes provoquent. Vanier en tête, Louis Geoffroy, Gaston Gouin et de nombreux autres disent pour la première fois leurs poèmes en public. Réalisé par Jean-Pierre Masse et Jean-Claude Labrecque, le film qui en résulte ouvre la porte aux nouvelles technologies, aux nouvelles expériences comme aux productions multidisciplinaires qui n'ont cessé d'étonner, d'envahir toutes les sphères de la culture. Les deux cinéastes répéteront l'expérience en 1980. Marie Uguay en est la grande révélation ; puis en 1991, une des rares lectures d'Anne Hébert bouleverse. Un documentaire de Luc Cyr et de Carl Leblanc, *Les Archives de l'âme* (2005), restitue et éclaire magnifiquement l'histoire de cette fameuse nuit du 27 mars 1970.

La contagion est totale : un nombre incalculable de « Nuits de poésie » se tiennent dans les collèges des quatre coins du Québec, jusque sur les Plaines d'Abraham. Les lectures publiques ne sont plus restreintes au Plateau Mont-Royal ou à la rue Saint-Jean à Québec. De Gaspé à Hull, de Sherbrooke à Trois-Rivières, la poésie pousse où l'on veut. En écho, une multitude de maisons d'édition de poésie surgissent : René et Célyne Bonenfant fondent les Éditions du Noroît (1971), Gatien Lapointe, à Trois-Rivières, crée Les Écrits des Forges (1971) ; à Québec, Pierre Morency et Jean Royer mènent le bal, fondent le groupe « Poètes sur Parole » ; la revue *Estuaire* en émergera avant de migrer vers Montréal.

Lors de la tenue des Jeux Olympiques de Montréal, en juillet 1976, Gaëtan Dostie organise les cinq soirées du « Solstice de la poésie québécoise » au parc Lafontaine. Cinquante poètes y participent, ceux du début du siècle, tels Alfred DesRochers, Simone Routier, Robert Choquette, jusqu'à Gilbert Langevin, Denis Vanier, Josée Yvon, entre autres. Il en résulte une exposition au Musée d'art contemporain de Montréal (1977), accompagnée d'un vidéogramme de l'événement et d'un catalogue ; le tout connaît ensuite une tournée.

Dès le début des années soixante, Gilbert Langevin anime des cabarets de poésie et musique au Bar des Arts, puis Pierrot Léger fait de même au dernier étage de l'Association Espanola de la rue Sherbrooke. À partir de 1975, Janou Saint-Denis déménage à sa fameuse « Place aux poètes ». Elle y demeura vingt-cinq ans pour, à la fin, être accueillie au Salon Émile-Nelligan de la « Maison des Écrivains », rue Laval, à Montréal. La tradition se perpétue, n'a plus de frontières et dure encore : Éric Roger avec les « Soirées Solovox », José Acquelin avec les « 5 à Souhaits », Guy Cloutier, avec les « Poètes de l'Amérique française » et D. Kimm avec le festival « Voix d'Amérique » en sont, aujourd'hui, les animateurs les plus présents.

Qui s'étonnera? La différence entre les genres littéraires s'atténue de plus en plus aussi!

Même si c'est à peine perceptible, tant cette partie de l'histoire est celle des poètes vivants, une mutation profonde se produit : l'arrivée massive de l'écriture féminine. À partir de 1965, autour de Nicole Brossard d'abord, une écriture de femmes et des lieux d'édition surgissent, en particulier la revue *La Barre du Jour*. L'activité exemplaire d'une Anne-Marie Alonzo avec les Éditions Trois (1985) et de 1989 à 2005, un festival annuel à Laval, marque l'arrivée en force, le dynamisme suscité par l'insertion accélérée d'une immigration internationale. En 1980, la prépondérance d'une écriture féminine est de plus en plus évidente. Douce revanche : la poésie vivante, et encore plus celle de demain, sera une écriture de femmes!

Depuis l'automne 1997, à l'initiative de Patrick Coppens, un groupe de poètes et, de plus en plus, de prosateurs, sous l'égide des « Poètes de Port-Royal », se réunissent tous les mardis midi chez l'un d'entre eux; l'été, au parc lafontaine. La tradition même de cette « école » du siècle passé reste toujours vivante.

Avec le levier que lui procurent Les Écrits des Forges à Trois-Rivières, Gaston Bellemare y anime depuis près de vingt-cinq ans « Le Festival international de poésie de Trois-Rivières », avec un succès retentissant. À Montréal, Isabelle Courteau préside le dossier pour la création d'une « Maison de la poésie » et dirige « Le Marché de la poésie de Montréal ».

Alors que la poésie était le genre littéraire prépondérant jusqu'en 1970, le roman, le théâtre et surtout les œuvres télévisuelles prennent une place telle que la poésie, même en se diversifiant, même si la chanson s'y abreuve et bien que se soit multipliée considérablement la production tout autant d'imprimés que d'événements poétiques, n'est plus qu'un genre littéraire parmi d'autres. Mais elle conserve intacts son charme, son attrait, son éternelle jeunesse.

Depuis toujours, la jeunesse est porteuse de la poésie ; c'est dans des regroupements de jeunes que les poètes d'aujourd'hui apparaissent, à travers des lieux d'édition qu'ils se donnent, tels «Les Poètes de brousses» ou «Le Quartenier» dont les jeunes auteurs se sont mérités le prestigieux prix Émile-Nelligan, créé à même les droits d'auteur accumulés du poète et accordé chaque année à un poète d'au plus trente-cinq ans.

La création, voilà quinze ans cette année, à l'initiative de Michel Drainville, du recueil de poésie intercollégial, *Pour l'instant*, continue cette tradition. Des carrières littéraires et artistiques en naissent : telle celle de Tania Langlais, récipiendaire du prix Émile-Nelligan. La poésie de demain, les auteurs, les interprètes y trouvent un incubateur vital.

Les poètes disparus ironisaient, tel Miron, à l'effet que, leur texte n'étant pas malade, il n'avait pas besoin du «traitement de texte». Pourtant, une révolution dont personne ne mesure encore toute l'ampleur se déroule sous nos yeux : l'invention de l'ordinateur, puis la naissance de l'Internet, ouvrent des horizons à peine concevables. Les distances sont abolies, les outils de l'écrivain se multiplient tout autant que la possibilité de diffusion. La naissance du livre numérique annonce peut-être la disparition de l'imprimé. Plusieurs craignent que ne disparaisse en même temps le droit d'auteur.

Ces «Poètes disparus» sont notre héritage, notre patrimoine. Jamais au cours de notre histoire n'avons-nous eu autant de poètes vivant actuellement sur la place publique, parmi les leurs, pour paraphraser Miron ; de même, désormais, la poésie québécoise d'hier ressource celle de demain. La jeunesse même est porteuse de la poésie vivante !

Gaëtan Dostie
Lac Stevens, Laurentides-Montréal
Janvier 2007

Octave Crémazie

Québec 1827 — Le Havre, France 1879

La poésie seule d'Octave Crémazie ne permet pas d'entrevoir son rôle déterminant dans l'affirmation naissante d'une littérature française au Canada, ni ses études classiques au Petit Séminaire de Québec, sa ville natale, qu'il abandonne à dix-sept ans pour fonder, avec son frère, la Librairie Crémazie. Ce libraire, fils de libraire, était un boulimique de lecture, d'une étonnante érudition, et doué d'une mémoire prodigieuse, écrit son biographe et éditeur l'abbé Casgrain : «Les littératures allemande, espagnole, anglaise, italienne, lui étaient aussi familières que la littérature française. Il citait avec une égale facilité Sophocle et le Ramayana, Juvénal et les poètes arabes ou scandinaves. Il avait étudié jusqu'au sanscrit!» Au cœur de la cité, «c'était le rendez-vous des plus belles intelligences d'alors» : la librairie devient un cénacle, «Fréchette et LeMay y venaient lire leurs premiers essais». Son métier l'amène à découvrir Paris et l'Europe, à ainsi connaître la vie littéraire de l'époque et à assimiler le grand courant romantique; membre de l'Institut Canadien de Québec, riche de ses lectures et de ses voyages, Crémazie est au centre de l'effervescence littéraire de Québec jusqu'à ce que ses achats de livres et autres marchandises l'accablent de dettes telles qu'elles provoquent sa banqueroute et son départ intempestif pour la France en 1863, comme la fin de son écriture poétique. Il meurt au Havre en 1879, pauvre et solitaire. La poésie de Crémazie reflète bien sûr son érudition, mais, en symbiose avec les débats idéologiques de son temps, elle s'inspire de l'histoire. C'est la visite à Québec, en 1855, du premier navire français depuis la conquête britannique, qui déclenche sa verve : paraissent son *Vieux soldat canadien* et *Le Drapeau de Carillon,* rêvant d'une reconquête française de ces «arpents de neige» de Voltaire que Crémazie raille. Une ouverture sur le reste du monde est manifeste dans *Les Guerres d'Orient* et les *Ruines de Sébastopol*. Son poème le plus achevé, quoique jamais terminé, *La Promenade des trois morts,* paraît partiellement en 1862 dans la revue éphémère de Casgrain *Les Soirées Canadiennes.* Crémazie campe magnifiquement le poète engagé, aussi son départ laisse un vide intellectuel. Au lendemain de leur parution, ses poèmes, mis en musique, deviennent des hymnes nationaux qui ne manquent pas d'irriter quelques bien-pensants ; l'un d'eux, Benjamin Sulte, historien autodidacte, poète et traducteur au Ministère de la Milice, prétend à l'erreur historique du drapeau dit de Carillon et, surtout, égratigne tous les «nostalgiques de la Nouvelle-France». Le scandale provoque une solidarité sans précédent : Charles Gill et l'École littéraire de Montréal, sous la présidence d'honneur de Louis Fréchette, lancent une campagne de souscription pour élever le monument sculpté par Louis-Philippe Hébert, dévoilé le 24 juin 1906 au Square Saint-Louis, en présence de délégations de toutes les communautés françaises d'Amérique du Nord, devant une foule évaluée à plus de vingt-cinq mille personnes. Crémazie devient pour toujours un symbole de la lutte des Français d'Amérique. Odette Condemine a publié une édition critique de sa poésie, de sa correspondance et de son *Journal du Siège de Paris*, de même qu'un album.

Le chant des voyageurs

À nous les bois et leurs mystères
Qui pour nous n'ont plus de secret!
À nous le fleuve aux ondes claires
Où se reflète la forêt!
À nous l'existence sauvage
Pleine d'attraits et de douleurs!
À nous les sapins dont l'ombrage
Nous rafraîchit dans nos labeurs!
Dans la forêt et sur la Cage
Nous sommes trente voyageurs.

Bravant la foudre et les tempêtes,
Avec leur aspect solennel,
Qu'ils sont beaux ces pins dont les têtes
Semblent les colonnes du ciel!
Lorsque privés de leur feuillage
Ils tombent sous nos coups vainqueurs,
On dirait que dans le nuage
L'esprit des bois verse des pleurs.
Dans la forêt et sur la Cage
Nous sommes trente voyageurs.

Quand la nuit de ses voiles sombres
Couvre nos cabanes de bois,
Nous regardons passer les ombres
Des Algonquins, des Iroquois.
Ils viennent, ces rois d'un autre âge,
Conter leurs antiques grandeurs
À ces vieux chênes que l'orage
N'a pu briser dans ses fureurs.
Dans la forêt et sur la Cage
Nous sommes trente voyageurs.

Puis sur la Cage qui s'avance
Avec les flots du Saint-Laurent,
Nous rappelons de notre enfance
Le souvenir doux et charmant.
La blonde laissée au village,
Nos mères et nos jeunes sœurs,
Qui nous attendent au rivage,
Tour à tour font battre nos cœurs.
Dans la forêt et sur la Cage
Nous sommes trente voyageurs.

Quand viendra la triste vieillesse
Affaiblir nos bras et nos voix,
Nous conterons à la jeunesse
Nos aventures d'autrefois.
Quand enfin pour ce grand voyage
Où tous les hommes sont rameurs,
La mort viendra nous crier : Nage!
Nous dirons bravant ses terreurs :
Dans la forêt et sur la Cage
Nous étions trente voyageurs. [1]

«Chez Alfred Garneau, au début du Cercle des Dix (1882-1904). Note à l'endos signée Simone Routier»
photographe inconnu, circa 1890. De gauche à droite, Alfred Garneau, Achille Fréchette,
Benjamin Sulte et Faucher de Saint-Maurice.

Alfred Garneau

La Canardière 1836 — Montréal 1904

Né à La Canardière (près de Québec), encore étudiant,
Alfred, le fils aîné de l'historien François-Xavier
Garneau assiste son père dans la troisième édition de
son *Histoire du Canada* qu'il révise et réédite en 1882.
À quatorze ans, à la demande de Crémazie, un journal
de Québec publie ses premières poésies qu'il a égrenées
ensuite dans les journaux durant un demi-siècle. C'est son
fils Hector qui publiera, en 1906, ses *Poésies*. Il passe par le Petit Séminaire de Québec
avant de s'inscrire en droit à l'Université Laval. Quoique reçu au barreau en 1860,
il entre dans le fonctionnariat comme traducteur à Ottawa. Retraité à Montréal, il y
meurt en 1904. Membre du Cercle des Dix, apparenté à quelques célèbres familles de
Montréal, ami des grands intellectuels de son temps depuis Papineau jusqu'à Fréchette,
sa poésie est pour lui une œuvre de liberté intimiste. Disciple de Musset et de Hugo,
il a surtout excellé dans l'art du sonnet.

Nominingue

C'est, en forêt, un lac où règne un grand silence.
Vingt monts aux noirs sommets soutiennent son bassin;
Une île çà et là – tel un pâle dessin –
S'estompe à peine, au ras du flot qui se balance.

Des grèves sans roseaux; au loin l'admirable anse
Où s'éveille le jour comme sur un beau sein;
Puis des bois s'accrochant aux rochers, sombre essaim;
Puis d'autres en haut, droits comme des fûts de lance.

Il n'est que ce tableau. Mais quelquefois, pourtant,
Ces bords, partout muets, s'animent un instant :
Un cerf paraît, qui nage en renversant sa tête.

Il brame avec douceur dans les clartés du soir.
On dirait un tremblant cantique de la bête.
Aux êtres sans raison Dieu se laisse-t-il voir? [2]

Léon-Pamphile LeMay

Lotbinière 1837 — Québec 1918

Perfectionniste, remaniant trois fois sa traduction d'*Évangéline* de Longfellow qu'il révèle aux Acadiens de la diaspora dès 1865, Léon Pamphile LeMay est un poète intimiste, tout à la nature, à sa petite patrie, peignant les petites gens, la vie toute simple, les traditions, les croyances, ce qui lui valut une certaine popularité en son temps. Né à Lotbinière, il passe par Trois-Rivières pour ses études primaires. Après des études préparatoires chez un notaire, il fait ses études classiques au Petit Séminaire de Québec, part travailler en Nouvelle-Angleterre, puis à Sherbrooke. Il passe deux ans au Grand Séminaire d'Ottawa, revient à Québec à l'étude du droit, devient avocat en 1865, mais c'est d'abord comme traducteur qu'il travaille avec Fréchette pour l'Assemblée législative du Canada-Uni. En 1867, il est nommé conservateur de la bibliothèque de l'Assemblée législative du Québec, poste qu'il occupera jusqu'en 1890, alors qu'un nouveau gouvernement le démettra. Il se retire définitivement à la campagne, à Saint-Jean-Deschaillons, jusqu'à son décès en 1918. Père de douze enfants, écrivain traditionaliste, ses contes, plus que ses romans et son théâtre, ont survécu. Sa traduction d'*Évangéline* reste une référence merveilleuse encore publiée.

Tentation

Oh! quel amour profane
M'a soudain enivré!
Je crois que je me damne…
Secourez-moi, sainte Anne,
Sainte Anne de Beaupré!

Depuis que je l'ai vue au bord de la fontaine
S'asseoir rêveuse, et puis, sur la cime lointaine
     Fixer son grand œil noir,
Je cherche dans l'espace un lumineux sillage;
Mon cœur est agité comme un léger feuillage
     Par la brise du soir.

Depuis que je l'ai vue, à la moisson dernière,
Demeurer tout un jour sous les flots de lumière,
     Dans le champ de blé mûr,
Glaner les blonds épis oubliés sur la planche,
Aux moissonneurs lassés verser, d'une main blanche,
     Le cidre frais et pur,

Oh! quel amour profane
M'a soudain enivré!
Je crois que je me damne…
Secourez-moi, sainte Anne,
Sainte Anne de Beaupré!

Depuis que je l'ai vue, à l'ombre d'un grand chêne,
Orner coquettement ses longs cheveux d'ébène
      De l'humble fleur des champs;
Depuis que je l'ai vue, innocente et superbe,
Dans le calme du soir s'agenouiller sur l'herbe,
      Pour écouter des chants...

Chants de l'onde à la rive ou de l'oiseau sur l'arbre,
Mon cœur indifférent, que je croyais de marbre,
      S'est tout à coup fondu,
Et la nuit est en moi. Le bonheur, la souffrance,
L'amour et le remords, la crainte et l'espérance,
      Tout semble confondu.

      Oh! quel amour profane
      M'a soudain enivré!
      Je crois que je me damne...
      Secourez-moi, sainte Anne,
      Sainte Anne de Beaupré!

Depuis que je l'ai vue, un soir des grosses gerbes,
Parmi les cheveux blancs et parmi les imberbes,
      Pour clore les travaux,
Au son du violon s'élancer en cadence,
Comme, les jours d'été, le papillon qui danse
      Dans les effluves chauds,

Oh! quel amour profane
M'a soudain enivré!
Je crois que je me damne…
Secourez-moi, sainte Anne,
Sainte Anne de Beaupré!

Depuis que je l'ai vue écrivant, solitaire,
Sur la grève sonore, à l'heure du mystère,
        Deux noms entrelacés,
Et les traçant plus loin, sur des sables arides,
Quand le flot qui montait, sous ses baisers humides,
        Les avait effacés;

Mon âme va, nacelle, au gré de chaque brise;
Elle est désemparée, et son aile se brise
        Sous un souffle inconnu.
Et je voudrais prier. Le feu court dans mes veines,
Et ma bouche se tait. Mes prières sont vaines.
        Devant Dieu je suis nu!

Oh! quel amour profane
M'a soudain enivré!
Je crois que je me damne…
Secourez-moi, sainte Anne,
Sainte Anne de Beaupré! [3]

À mon excellent cousin et ami Octave LeMay...

Pamphile LeMay

PAMPHILE LeMAY

CONTES VRAIS

LE BŒUF DE MARGUERITE. —BAPTÊME DE SANG.—
LE JEUNE ACROBATE. — MAISON HANTÉE. —
LE SPECTRE DE BABYLAS (suite de Maison
Hantée) — LE BAISER FATAL. —
SANG ET OR.—MARIETTE (conte
de Noël).—LES MARIONNETTES.

QUÉBEC :
Imprimé par la " Cie d'Imprimerie " Le Soleil."
1899

Autographe de Pamphile LeMay, dans Contes vrais, *Québec,*
Cie d'Imprimerie Le Soleil, 1899.

«Louis Fréchette», photographe inconnu, circa 1890, autographe de l'auteur,
(trouvée tel quel, dans les rebuts d'Outremont).

Louis Fréchette

Lévis 1839 — Montréal 1908

Louis Fréchette fut toute sa vie une figure de proue lumineuse. Son premier recueil de poésie en 1863, *Mes loisirs*, est depuis celui de Bibaud en 1830, le second publié dans notre histoire. Premier Québécois à recevoir un prix de l'Académie française en 1880, la gloire littéraire l'a propulsé dans une effervescence qualifiée de «volcanique», une plénitude tant littéraire que politique, auxquels rien ne prédestinait ce natif de Lévis. Il avait fait des études classiques : commencées au Petit Séminaire de Québec, poursuivies au Collège de Sainte-Anne-de-la-Pocatière, terminées au Séminaire de Nicolet. Cléricature, cours de droit à l'Université Laval, reçu avocat en 1864, il ouvre un bureau à Lévis, fonde des journaux éphémères. Gagné à la cause libérale, farouche opposant à la confédération, n'essuyant que des échecs, il part travailler aux États-Unis durant cinq ans. Ce séjour lui amène une célébrité par la publication de ce long poème anticonfédération qu'est *La Voix d'un exilé*. À son retour, il est élu député fédéral de Lévis et il épouse une femme riche. Quand il sera défait en 1878, il ira s'installer à Montréal jusqu'à sa mort en 1908. *La Légende d'un peuple* tout hugolienne, éditée à Paris en 1887, contribue à asseoir sa célébrité; toute pompeuse et surannée qu'elle soit, elle est accueillie avec un enthousiasme tel que le premier ministre Mercier le nomme greffier du Conseil législatif du Québec. Adulé, sollicité, attaqué, honoré, sa gloire est sans partage. Plus que sa poésie, ses contes et son journal lui assurent aujourd'hui une place dans nos lettres.

Le Montmorency

Au détour du courant où le flot qui la ronge
Embrasse les contours de l'île d'Orléans,
Comme une tombe énorme, entre deux géants,
La blanche cataracte au fond du gouffre plonge.

Indicibles attraits des abîmes béants!
Imposantes rumeurs que la brise prolonge!
Lourds flocons écumeux qui passez comme un songe,
Et que le fleuve emporte aux mornes océans!

Spectacle saisissant, grandiose nature,
À vous interroger quand l'esprit s'aventure,
On retombe sans fin dans un trouble nouveau;

Le bruit, le mouvement, le vide, le vertige,
Tout cela va, revient, tourbillonne, voltige,
Ivre et battant de l'aile aux voûtes du cerveau. [4]

Adolphe-Basile Routhier

Saint-Placide-des-Deux-Montagnes 1839 —
Saint-Irénée-les-Bains 1920

L'immense popularité d'Adolphe-Basile Routhier au XIXe siècle tient à ce qu'il représente l'élite bien pensante, avec ses idées conservatrices et catholiques. Sa plus grande gloire est cependant poétique : son *Chant national* écrit pour la Convention nationale des Canadiens français à Québec en 1880, mis en musique par Calixa Lavallée, connaîtra la fortune suprême de voir son premier huitain seul proclamé hymne national du Canada en 1980, pour mieux ignorer le caractère racial et catholique du reste. Né à Saint-Placide-des-Deux-Montagnes, il fait ses études classiques au Séminaire de Sainte-Thérèse, puis son droit à l'Université Laval. Il a une carrière prestigieuse dans la magistrature jusqu'à être juge en chef de la Cour supérieure et administrateur substitut de la province de Québec. Ses écrits polémiques amusent encore; ses appréciations littéraires sont fonction de ses idées politiques; son unique recueil, *Les échos*, est tombé dans l'oubli autant que les romans messianiques de la fin de sa vie.

Souvenir d'enfance

Le cœur garde toujours ses souvenirs d'enfance.
Plus il voit s'éloigner ces beaux jours d'autrefois,
Et plus il en chérit la douce souvenance.

Un matin de printemps, les gazons et les bois
Secouaient au soleil leur parure joyeuse,
Et versaient sur le sol de larges gouttes d'eau
Dont les avait chargés une nuit orageuse.
La pluie avait cessé, l'Orient était beau;
Mais, au Couchant lointain, la colline brumeuse
Restait couverte encor de nuages pesants,
Sur lesquels scintillait un arc-en-ciel superbe.

Cet hémicycle immense aux tons éblouissants,
Dont les pieds se posaient légèrement sur l'herbe,
Fascina mes regards, et je voulus courir
Admirer de plus près ces gouttes lumineuses,
Où brillaient le rubis, l'onyx et le saphir,
Et qui, comme un collier de pierres précieuses,
S'égrainaient au versant de la colline en fleurs.

Je parvins à l'endroit où l'arc touchait la plaine ;
Mais il n'était plus là ; ses brillantes couleurs
Avaient fui devant moi. Je repris donc haleine,
Et je recommençai ma course à travers champs,
Ébloui, fasciné, plein de naïve ivresse,
Croyant toujours atteindre au collier de brillants.
Mais l'arc-en-ciel trompeur fuyait, fuyait sans cesse,
Et je revins brisé de fatigue et d'ennui.

...₅

Au Révérend Père L. Le Jeune
Hommage d'estime, d'admira-
tion et de gratitude.
W. Chapman
Ottawa, 23 janvier 1910.

NOS TROIS COULEURS

Aux Canadiens qui veulent remplacer le
drapeau tricolore par la bannière du
Sacré-Cœur comme emblème national.

———+———

Quoi ! vous voulez chasser l'étendard de la France,
Comme vous chasseriez un ignoble oripeau !
Quoi ! vous voulez changer tout à coup de drapeau !...
C'est de la trahison et c'est de la démence. (1)

Pourquoi donc voulez-vous rejeter les couleurs
Que tant de fois chanta l'immortel Crémazie ?
Pourquoi cet abandon et cette apostasie ?...
De mon cœur à mes yeux je sens monter des pleurs.

1. Ce poème a été écrit à la suite d'une discussion que l'au-
teur venait d'avoir avec une dizaine de Canadiens qui avaient
devant lui méprisé la France et exprimé le désir de remplacer

Autographe de William Chapman, dans Les Rayons du Nord,
Paris, Éditions de la Revue des poètes, 1909.

William Chapman

Saint-François-de-Beauce 1850 — Ottawa 1917

La poésie atteint parfois une précision descriptive prenante, mêlée de poncifs inspirés tant de Hugo que du folklore. Elle survit en peau de chagrin alors que ses écrits polémiques, avec Louis Fréchette, viennent de sortir en édition critique. Il est né à Saint-François-de-Beauce, d'un père anglais et d'une mère canadienne-française. Après des études secondaires au Collège de Lévis, il est incorporé à la Compagnie de milice de la Beauce, obtient son diplôme de droit à l'Université Laval sans jamais pratiquer, puis se tourne vers le journalisme et la littérature. Un temps fonctionnaire au ministère du Procureur général durant le mandat d'un gouvernement conservateur, ensuite agent d'assurances dans les Cantons de l'Est, libraire et bientôt, traducteur au Sénat à Ottawa où il s'éteindra.

La sucrerie

Des amoureux, suivant une sente discrète,
Neige au pied, flamme au front, s'entretiennent tout bas,
Et non loin un oiseau moqueur rit aux éclats,
En voyant passer ceux qui se content fleurette.

On mange goulûment, du grand au plus petit.
Le feu de la gaîté dans tous les yeux scintille.
À défaut de vin vieux, l'esprit gaulois pétille,
À défaut de plats d'or, on a de l'appétit.

Oh! quel charmant tableau qu'une belle fillette
Qui mord à pleine bouche à l'or à sucre chaud!
Oh! quel petit poème exquis qu'un frais marmot
Qui brasse des cristaux avec une palette!

Chacun casse des œufs dans le sirop qui bout.
Peut-on imaginer plus suave omelette!
On se brûle les doigts, on gâte sa toilette...
N'importe! L'on déguste et l'on rit tout son soûl.

On se sépare enfin du sucrier en nage,
Qui partage en riant les restes du festin,
Et, comme le couchant empourpre le lointain,
On reprend en chantant la route du village. [6]

Nérée Beauchemin

Yamachiche 1850 — Yamachiche 1931

Longtemps, Nérée Beauchemin fut connu pour ce poème patriotique *La Cloche de Louisbourg* écrit pour saluer l'acquisition, par souscription publique, d'une cloche par le Château de Ramezay, à Montréal. Si ce n'est ses études au Séminaire de Nicolet puis à l'Université Laval, toute la vie de ce médecin qui hérita de la clientèle de son père, se passe à Yamachiche. Protégé de Louis Fréchette, ses *Floraisons matutinales* en 1897 furent froidement accueillies par la critique, ce qui l'ulcéra au point qu'il attendit trente ans avant de publier *Patrie intime* pour lequel il reçoit l'estime publique et une médaille de l'Académie française en 1930. Honnête artisan du vers, finesse et nostalgie enrobent sa suavité. Armand Guillemette lui a consacré une édition critique en trois tomes.

La perdrix

Au ras de terre, dans la nuit
Des sapinières de savane,
Le mâle amoureux se pavane
Et tambourine à petit bruit.

La femelle écoute, tressaille,
Et, comme une plume, l'amour
L'emporte vers le troubadour
Qui roucoule dans la broussaille.

Tel un coq gonfle tout l'émail
Et tout l'or de sa collerette;
Le mâle, dressant son aigrette,
Roule sa queue en éventail.

Mais voici qu'un coup de tonnerre,
Sous les arbres, vient d'éclater,
Faisant, au loin, répercuter
Les échos du bois centenaire.

Et, frappée au cœur en son vol,
Ailes closes, la perdrix blanche,
Dégringolant de branche en branche,
Tombe, mourante, sur le sol. ₇

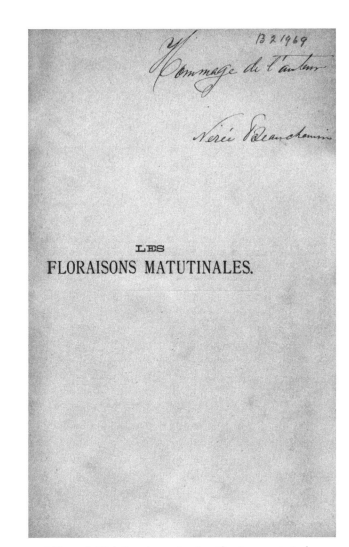

Dédicace de Nérée Beauchemin dans Les Floraisons matutinales,
Trois-Rivières, Victor Ayotte éditeur, 1897.

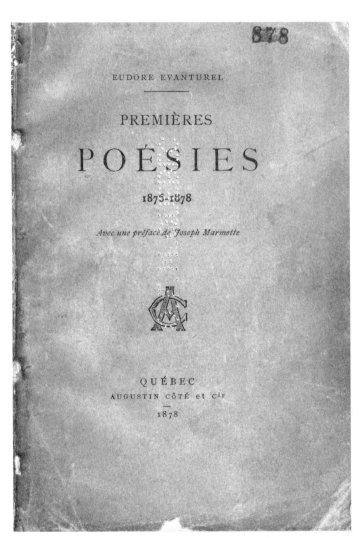

Page couverture de Premières poésies *d'Eudore Évanturel,*
Québec, Augustin Côté et cie, 1878.

Eudore Évanturel

Québec 1852 — Québec 1919

Eudore Évanturel est le plus fascinant poète du XIXᵉ siècle et sûrement le plus méconnu : aucune photo de lui n'a été découverte et il a fallu attendre quelque cent ans avant que son œuvre réapparaisse et soit l'objet d'une édition critique. Quel poète remarquable ce fut! Une écriture limpide, incisive, sans fioriture, descriptive, toute romantique ; son long poème, *En revenant des eaux,* un voyage en bateau, est un bijou de réalisme. Ses *Premières poésies* paraissent en 1878, préfacées par Joseph Marmette ; les ultramontains, Jules-Paul Tardivel en tête, tout en attaquant Marmette, dénigre le jeune auteur qui ose dans son poème *Au collège* faire mourir un «Saint» comme un chien, sans les secours de la religion. Le scandale l'amène à quitter Québec pour Boston où il devient un collaborateur de l'illustre historien Francis Packman qui prépare une étude sur les «Canadiens français». Né à Québec, d'un père ministre influent sous l'Union, il est un bourgeois favorisé au point de faire la plus grande partie de ses études hors du Petit Séminaire, sous la férule de précepteurs. Ses antécédents familiaux ayant favorisé l'obtention d'un emploi au Conseil législatif, perdu au changement de ministère, son départ vers la Nouvelle-Angleterre s'inscrit dans le courant de la fin du siècle. Après les recherches pour Packman, il fonde un journal français à Lowell, ville natale de Kerouac, avant de devenir délégué du Québec aux archives de Boston et Washington. Rappelé à Québec en 1887, il est archiviste à la Secrétairie provinciale et vit en solitaire jusqu'à sa mort en 1919. Qui nous rendra le visage de ce merveilleux poète?

Au collège

Il mourut en avril, à la fin du carême.

C'était un grand garçon, un peu maigre et très-blême,
Qui servait à la messe et chantait au salut.
On en eût fait un prêtre, un jour : c'était le but;
Du moins, on en parlait souvent au réfectoire.
Il conservait le tiers de ses points en histoire,
Et lisait couramment le grec et le latin.
C'était lui qui sonnait le premier, le matin,
La cloche du réveil en allant à l'église.
Les trous de son habit laissaient voir sa chemise,
Qu'il prenait soin toujours de cacher au dortoir.
On ne le voyait pas comme un autre au parloir,
Pas même le dimanche après le saint office.
Ce garçon n'avait point pour deux sous de malice,
Seulement, à l'étude, il dormait sur son banc.
Le maître descendait le réveiller, souvent,
Et le poussait longtemps — ce qui nous faisait rire.
Sa main tremblait toujours, quand il voulait écrire.
Le soir, il lui venait du rouge sur les yeux.
Les malins le bernaient et s'en moquaient entre eux;
Alors, il préférait laisser dire et se taire.
L'on n'aurait, j'en suis sûr, jamais su le mystère,
Si son voisin de lit n'eût avoué, sans bruit,

Qu'il toussait et crachait du sang toute la nuit. [8]

Voyage

Dis, veux-tu t'en venir avec moi? Nous irons
N'importe où tu voudras, puisque la terre est ronde.
Promène tes beaux doigts sur la carte du monde,
Et cherche un paradis où nous nous aimerons.

Veux-tu, nous partirons aux premiers jours d'automne,
Avant, petite, avant que les arbres soient nus?
Nous partirons avant que les froids soient venus,
Pareils à deux voleurs – sans le dire à personne.

On s'enquerra de nous et l'on nous cherchera.
– Où sont-ils? À la ville ou bien à la campagne?
Je préfère la France, et toi, dis-tu, l'Espagne?
Et bien, soit! En Espagne, allons nous cacher là.

Nous trouverons là-bas un endroit solitaire,
Un gazon que personne encore n'aura foulé;
Un éden où jamais le soleil n'est voilé.

Ô le rêve bâti dans un jet de lumière! ₉

LE CONCERT D'OKA,
Génie du Lac des Deux-Montagnes.

*«Le Concert d'Oka, **Génie du Lac des Deux-Montagnes**»,*
extrait d'En mocassins, d'Arthur Guindon, Montréal,
Imprimerie de l'Institution des sourds-muets, 1920.

Arthur Guindon

Saint-Polycarpe 1864 — Montréal 1923

Pour un fils de cultivateur, devenir prêtre sulpicien, grand seigneur de Montréal, était une grâce. Né à Saint-Polycarpe (Soulanges), ordonné en 1895, après un bref séjour d'études à Paris, Arthur Guindon enseigne au Collège de Montréal; rapidement, une surdité croissante le confine à des postes bureaucratiques notamment à l'église Notre-Dame où il demeure en fonction jusqu'à sa mort. Ce handicap lui permet de consacrer plus de temps à ses recherches historiques et anthropologiques. La parution d'*En mocassins* en 1920 aurait dû le rendre célèbre : riche de ses connaissances anthropologiques, il a écrit là des textes et des poèmes d'une grande fraîcheur qui s'inspirent de la mythologie amérindienne. Mais l'illustration de ces légendes étonne : des œuvres éblouissantes, révolutionnaires, dignes du Douanier Rousseau, contemporaines des grands surréalistes français, dont on peut en admirer quelques-unes au Musée de l'Église Notre-Dame. *Aux temps héroïques*, recueil publié en 1922, s'attache à l'histoire religieuse de Montréal; malgré sa force d'évocation, il porte l'âge messianique et ses scories. Publié à compte d'auteur, le sulpicien a été ignoré.

Chanson de la mouche-à-feu

Fraîche est l'herbette
Près du lac bleu;
La danse est prête :
Viens, mouche-à-feu.

L'aile embrasée,
Fuit le soleil;
Sur la rosée
Vient le sommeil.

Ouvre ton aile
Qu'on ne voit pas;
Blanche étincelle,
Conduis nos pas.

La nue est sombre,
Tranquille est l'eau :
Vole dans l'ombre,
Petit flambeau.

L'étoile brille
Sur ton corset,
Légère fille
Du feu follet.

De tige en tige,
Voyage, luis
Danse et voltige,
Flamme des nuits. 10

Illustré de 18 grandes compositions
et de 26 dessins de Lagacé.

Franges
d'Autel

. . . POESIES DE . . .
Serge Usène, Emile Nelligan, Lucien Renier,
Arthur de Bussières, Albert Ferland,
J.-B. Lagacé, Amédée Gélinas,
Louis Dantin, etc.

MONTRÉAL
1900

Page titre de Franges d'autel, *par Émile Nelligan, Arthur de Bussières, Albert Ferland, Louis Dantin, etc., illustré par J.-B. Lagacé, Montréal, 1900.*

Louis Dantin

Beauharnois 1865 — Harvard, États-Unis 1945

Surprenant personnage que ce défroqué, masquant toute sa vie son identité, et qui, même réfugié à Boston, exerce un véritable magister intellectuel sur les jeunes écrivains de son temps et un travail critique d'une remarquable probité intellectuelle qui fait progresser notre littérature. Sa plus grande gloire reste celle d'avoir été, en 1903, l'éditeur d'Émile Nelligan, alors qu'il était sur le point de quitter la Congrégation des Pères du Saint-Sacrement. Sa préface qui annonçait déjà «la mort de Nelligan» est célèbre; les manuscrits de ce dernier ayant disparu, les recherches récentes tendent à démontrer qu'il a aussi «corrigé» son jeune protégé. Eugène Seers, de son vrai nom, est né à Beauharnois; il passe par le Collège de Montréal et le Séminaire de philosophie avant d'entreprendre un voyage en Europe au cours duquel, torturé entre un amour impossible et les ordres, il est ordonné prêtre en Belgique, en 1888, sans être libéré de ses démons qui l'amènent, plus tard, à perdre la foi. De retour à Montréal en 1894, au couvent de la rue Saint-Hubert, il vit à l'écart de toute vie religieuse et se consacre à l'édition d'une revue d'une belle tenue, *Le Petit messager du Saint-Sacrement*. En 1900, il en extrait les *Franges d'autel*, première publication de membres de l'École littéraire de Montréal à laquelle il collabore. Son métier d'imprimeur lui permet de travailler plus de vingt ans à l'imprimerie de l'Université Harvard. Il meurt aveugle et seul en 1945. Son œuvre poétique publiée en 1932, *Le Coffret de Crusoé,* est classique même si y pointe une verve populaire, comme dans *La complainte du chômeur*, mais ses *Poèmes d'outre-tombe* publiés au Bien-Public en 1962 révèlent une veine érotique plutôt joyeuse, tout à fait inédite dans nos lettres. Ses études critiques viennent de faire leur entrée dans l'illustre Bibliothèque du Nouveau Monde; le choix de poèmes publiés aux Herbes Rouges s'en tient aux premiers poèmes et ignore donc ses invocations aux *Belles masseuses*.

La complainte du chômeur

Hier j'étais vivant : tête haute je marchais
Parmi mes frères les hommes;
J'étais l'unité dans la somme
De ceux qui soulèvent les faix,
Qui font se hausser les étages,
Qui rivètent les bateaux d'acier
Pour les transatlantiques voyages
Et les ponts joignant les cités.
J'étais l'effort qui, se mêlant
À cent millions d'autres poussées,
Mettait la vie en mouvement,
Lançait sur les chemins les autos empressées
Et dans la nue l'éclair des avions,
Faisait tourner dans les usines
La danse de fer des machines.
Arrachait au sillon
La chair des vitales racines.
Et j'étais part aussi
Des actes purs de la pensée;
Je me sentais admis
Aux strophes exaltées des poètes :
Je chantais dans les symphonies :
J'apportais mon pinceau aux toiles inspirées.
Mes muscles se tendaient pour les tâches ardues
Des découvertes, des conquêtes,
Et dans leurs marches assidues

Vers les ultimes pôles,
Le Réel, l'Idéal accueillaient mon épaule;
Quand je croisais la foule aux longs remous,
Abeilles de la ruche humaine,
J'entendais la rumeur prochaine
Se murmurer : « C'est l'un de nous. »

Ah! qu'est-il arrivé? Est-ce que les tâches
Sont moindres avec plus de désirs?
Est-ce que nos chefs sont lâches
Pour les défis de l'avenir?
Soudainement dans la cité
Les clameurs se sont amorties;
Dans les squares hantés
Passent des ombres engourdies;
L'heure s'est arrêtée à l'horloge
Des flamboyantes forges;
Dans la filature fermée et déserte
S'endort la roue inerte
Et des barreaux refoulent à la rue
Un flot silencieux
D'hommes, de femmes dont les yeux
Ont la torpeur des vies perdues.

Me voici l'un de cette foule,
Frère de ces nouveaux frères maudits,
Comme eux stupéfié et grave;
Et la houle
Emporte et roule
À son gré nos communes épaves
Vers le marais où s'entassent nos débris.
Charpentier dont la scie oisive s'est rouillée,
Jeune tisserand qui offris à ta mariée

Pour don de noces ton exil des fabriques;
Maçon qui, ce mois l'an dernier,
As posé ta dernière brique :
Mécanicien à l'allure pourtant vive,
Dont court sans toi (et elle s'en moque) la locomotive;
Typographe exhibant sur ta cheminée
Ton composteur comme un trophée;
Jolie dactylo dont, loin des touches soumises,
Les doigts lestes s'immobilisent;
Vendeuse au sourire accueillant.
N'ayant plus que ton miroir pour client;
Boucher tournant autour des abattoirs,
Matelot errant dans les rades,
Chauffeur errant sur les trottoirs,

Vous êtes mes camarades!
Je viens prendre ma part aux fêtes
De vos pathétiques défaites.

Aux barrières de votre cité,
En une plaine de terrains vagues,
Empire des municipales dragues,
Sur le sol sans ombre et sans herbes
J'ai lu le « Voi ch'entrate »
Que les tessons y dessinent en exergue.
Sur moi plane votre azur sali de buées
Où volètent, dantesques phalènes, les squelettes
De très anciennes gazettes
Dont, s'agitant, les chroniques trépassées
Signalent mon entrée dans le Passé.

Je foule un tapis onduleux
De laines en loques sous des cendres mouvantes,
De pneus crevés et scrofuleux,
De légumes, pulpes décadentes,
Coupé de cahots et d'odeurs septiques
Par les ossements des charognes civiques,
Et où soudain les ressorts embusqués
Se détendent comme serpents traqués.
C'est mon pays : comme vous tous j'y aurai
Un gîte qui sera mon ouvrage;

J'en emprunterai les murs aux caisses d'emballage,
Le toit au zinc des vieux éviers.
Tout dans ce cadre me sera sympathique,
Je m'y sentirai à l'aise et logique,
Rebut parmi d'autres rebuts,
Simple accession aux détritus
Que le sort avec nonchaloir
D'un balai docile à la loi des causes,
Mêlant les bêtes, les hommes et les choses,
Entraîne au même dépotoir.

Certes, on n'exigeait pas beaucoup :
On ne demandait à la fortune
Ni bancs de perles ni tranches de lune,
Rien qu'au jeu un ou deux atouts;
Une seule chose, après tout :
La chance de pousser à la roue fatale
Sous le soleil et sous les coups,
Le droit à la sueur et à la fatigue
Dans les canaux, les mines et les digues,
De s'éreinter sur les machines brutales
Au profit des banques et de leurs succursales.
C'est à rire, si l'on y songe bien,
Qu'il existe parmi les humains

Tant de compétition et tant d'entraves
Pour le privilège d'être esclaves
Évidemment, c'est encore trop :
Il faut, de gré ou non, déposer ses fardeaux,
Et les puissances, d'autorité,
Nous imposent les jeûnes de la liberté.

... 11

A mon bon ami littéraire
Albert Ferland
Avec l'expression des meilleurs sentiments
de l'Auteur
Atala

FLEURS SAUVAGES

Dédicace d'Atala (Léonise Valois) à Albert Ferland,
dans Fleurs sauvages, *Montréal, Beauchemin, 1934.*

Léonise Valois

Vaudreuil 1868 — Westmount 1936

Quand, en 1910, paraît *Fleurs sauvages* avec un dessin d'Albert Ferland en couverture, la journaliste Atala publie le premier recueil de poésie d'une femme au Québec. Née à Vaudreuil d'un père médecin, elle est de ces rares femmes à avoir fait de solides études, en particulier au Couvent de Beauharnois. Installée à Montréal, elle devient fonctionnaire aux Postes; cet emploi lui assure une indépendance financière et lui permet, ce qui était peu commun pour une femme, une confortable vie de célibataire. Ce n'est qu'en 1934 qu'elle réédite à compte d'auteur, son recueil accompagné d'un deuxième, *Feuilles tombées*, signant pour la première fois de son nom : Léonise Valois. Sa poésie assez classique, toute romantique, mièvre et religieuse, n'a pas été rééditée; mais Louise Warren lui a consacré un essai-portrait et a publié certains inédits remarquables, tel «L'Amour et l'Espérance», un poème de 1900 émouvant par «sa vérité» nue.

L'Amour et l'Espérance

Au bord de l'océan, l'Amour et l'Espérance
Regardaient au matin se lever le soleil
Les vapeurs de l'éther avaient la transparence
Et comme l'orient le flot était vermeil

Midi vint, le soleil embrassait le rivage
En souriant l'Amour dans son esquif monta
Disant à l'Espérance : «attends-moi sur la plage!
Je le quitte un instant.» L'Espérance resta!

Et du bord de l'esquif, l'Amour disait encore
Ne crains rien, je reviens avant la fin du jour
Son regard était doux, aussi doux que l'aurore
L'Espérance était femme, elle crut à l'Amour

La barque disparut. Tout entière à son rêve,
L'Espérance en comptant chaque heure qui passait
Restait seule debout en traçant sur la grève
Le nom cher que la vague en montant, effaçait

Le soir vint, une barque, à l'éclatante voile
Voguant sur le rivage, à l'horizon parut
Un fanal à son bord brillait comme une étoile
Au devant de l'esquif, l'Espérance accourut!

D'une trompeuse joie, elle s'est enivrée
Celle qui fend les eaux sur son palais brillant
Ce n'est rien que la Richesse dorée
Tandis que c'est l'Amour que l'Espérance attend

Mais! un second esquif s'approche de la rive!
La lune, au frais rayon éclaire son retour
Hélas! déjà trompée, elle accourt mais craintive
Ce n'est que l'Amitié! pâle sœur de l'Amour

Et le jour disparaît. Confiante au mensonge
L'Espérance à l'Amour tend encor les bras
Mais son bonheur d'hier était mort comme un songe
En vain… elle attendit. L'Amour ne revint pas! [12]

Charles Gill

Sorel 1871 — Montréal 1918

Génial rebelle, mouton noir haut en couleurs, revendiquant
ses racines amérindiennes, libertaire aux mœurs décousues,
alcoolique, dandy sensuel, infidèle, charismatique,
Charles Gill est un «bum» de grande famille, déshérité en
représailles de son mariage avec Gaëtanne de Montreuil.
Gill est d'abord un peintre; né à Sorel, fils d'un haut
magistrat, il enfile les institutions scolaires pour mieux s'en
faire expulser. À dix-neuf ans, il traverse en Europe, fréquente l'atelier du peintre Gérôme
et l'École des Beaux-Arts de Paris, mais surtout vit en bohème et fréquente les cafés
littéraires durant cinq ans. De retour à Montréal en 1894, il ouvre un atelier, enseigne
le dessin et, dès les débuts de l'École littéraire de Montréal, il en devient l'animateur le
plus fulgurant : son rôle est déterminant dans la publication du livre fondateur de notre
littérature, *Les soirées littéraires du château de Ramezay*, première anthologie de la littérature
québécoise vivante en 1900. Il est l'initiateur de la campagne pour ériger le monument à
Crémazie. Toujours sans le sou, il quitte précipitamment tous ses ateliers et logements;
affaibli par une syphilis résurgente, il est emporté par la grippe espagnole, seul, dans une
maison de chambres de la rue Saint-Laurent. Il fut le gai luron du trio des inséparables avec
Émile Nelligan et Arthur de Bussières. Conseillée par Albert Lozeau, un proche de Gill,
Marie devait publier son frère après sa disparition, mais en corrigeant et en écartant certains
poèmes. Réginald Hamel vient de publier en deux tomes l'édition critique de cette œuvre
tant poétique que de critique d'art; il a aussi publié ses lettres à Louis-Joseph Doucet, mais
cherche encore un éditeur pour l'œuvre peinte. Son *Cap Éternité*, qui fit sa réputation,
est une œuvre toute romantique, grandiloquente; Gill était capable d'autres tons tels ces
poèmes crus de vérité révélés par l'édition critique.

Belle de nuit 6

Délicieuse encore après la flétrissure
Elle m'est apparue en de bleus falbalas.
La printanière fleur du suave lilas
Ornait son opulente et noire chevelure.

Un souverain dégoût assombrit sa figure;
L'assouvissement dort au fond de ses yeux las :
Hélas! Ils ont éteint leurs magiques éclats,
Dans l'infernale nuit de la basse luxure…

Elle a prostitué sa divine beauté,
Elle a pendant trois ans de promiscuité
Subi le bestial affront des multitudes;

Mais sur les oreillers de soie et de satin
Où viennent s'étaler ses molles attitudes,
Elle semble un bijou rare dans un écrin. [13]

Horreur de la guerre

Je voudrais voir les gens qui poussent à la guerre
Sur un champ de bataille, à l'heure où les corbeaux
Crèvent à coups de bec, et mettent en lambeaux
Tous ces yeux et ces cœurs qui s'enflammaient naguère.

Tandis que flotte au loin le drapeau triomphant,
Et que, parmi ceux-là qui gisent dans la plaine
Les doigts crispés, la bouche ouverte et sans haleine,
L'un reconnaît son frère et l'autre son enfant.

Oh! je voudrais les voir, lorsque dans la mêlée
La gueule des canons crache à pleine volée
Des paquets de mitraille au nez des combattants;

Les voir, tous ces gens-là, prêcher leurs théories
Devant ces fronts troués, ces poitrines meurtries
D'où la Mort a chassé les âmes de vingt ans. [14]

Photographie de la Bibliothèque municipale de la ville de Montréal,
Wm. Notman & Son, Musée McCord, 1917.

Éva Circé-Côté

Montréal 1871 — Montréal 1949

Toute l'œuvre d'Éva Circé-Côté a été publiée sous des pseudonymes, souvent masculins. La littérature l'a surtout connue sous le nom de Colombine; c'est derrière ce paravent qu'elle publie, en 1903, un recueil de ses chroniques journalistiques dont quelques poèmes, sous le titre *Bleu, blanc, rouge*. Femme aux idées sociales avancées, elle collabore pendant plus de vingt ans à des journaux ouvriers. En 1903, appuyée par Hector Garneau, fils d'Alfred, elle fonde la Bibliothèque municipale de la ville de Montréal dont elle est bibliothécaire jusqu'en 1932. Elle s'intéresse au théâtre; quatre de ses pièces sont jouées, trois d'entre elles sont primées, mais jamais publiées. Elle publie en 1924, un essai consacré à Louis-Joseph Papineau, réédité récemment. Toute la vie d'Éva Circé-Côté est montréalaise. Féministe et libre-penseuse, sa vie comme son œuvre restent méconnues.

Lorsque la neige blanche en linceule la terre

Lorsque la neige blanche en linceule la terre,
L'hiver gémit en moi, car jadis bête ou fleur,
J'ai dû souffrir du froid et trembler de frayeur,
Seule dans les grands bois au fond de ma tanière.

Mon âme comme un arbre a plongé dans le sol
Sa racine vivace et quand le sombre automne
Éparpille dans l'air sa brillante couronne,
De mes illusions, je pleure aussi le vol!

Mais des rêves dorés, l'intime floraison
Reverdit au printemps, à la brise nouvelle,
Alors que sur les toits gémit la tourterelle,
Quand les nids en amour soupirent leur chanson.

J'ai dû vivre autrefois en d'étranges pays.
Ah! oui, je me souviens… j'étais une fleurette
Au fin corselet vert, à blanche collerette
À qui le doux zéphyr disait des mots gentils.

Une main criminelle effeuilla mon calice.
Brisant la coupe d'or où buvait le rayon;
Jalouse des baisers du brillant papillon,
Jalouse de l'amour et de son pur délice!

Mon cœur souffre à jamais de cette meurtrissure
Et chaque trahison voile mes yeux de pleurs.
Le sang coule toujours de l'antique blessure.
Grâce pour nos tourments, ne brisez pas les fleurs! [15]

LE MONDE ILLUSTRÉ

ABONNEMENTS :
Un an, $2.00 · · · Six mois, $1.00
Quatre mois, $1.00, payable d'avance
Vente dans les dépôts · · · 5 ce · à la revue

16me ANNÉE, No 833—SAMEDI, 21 AVRIL, 1900

BERTHIAUME & SABOURIN, Propriétaires

Bureau : No 42, PLACE JACQUES-CARTIER, MONTRÉAL

ANNONCES :
La ligne, par insertion · · · 10 cents
Insertions subséquentes · · · 5 cents
Tarif spécial pour annonces à long terme

ÉCOLE LITTÉRAIRE 1899—1900

«*École littéraire de Montréal 1899-1900*»,
Le Monde Illustré, *21 avril 1900.*

*Cartons d'invitation aux deux «Séances de L'École Littéraire de Montréal» au Château de Ramezay, en 1899;
à celle du 26 mai, Nelligan récite sa «Romance du vin».*

SONNET D'OR

Dans le soir triomphal la froidure agonise
Et les frissons divins du printemps ont surgi ;
L'Hiver n'est plus, vivat ! car l'Avril bostangi,
Du grand sérail de Flore, a repris la maîtrise.

Certe, ouvre ta persienne, et que cet air qui grise,
Se mêlant aux reflets d'un ciel pur et rougi
Rôde dans le boudoir où notre amour régit
Avec les sons mourants, que ton luth improvise.

Allègre, Yvette, allègre, et crois-moi : j'aime mieux
Me griser du chant d'or de ces oiseaux joyeux,
Que d'entendre gémir ton grand clavier d'ivoire,

Allons rêver, au parc, verdi sous le dégel :
Et là tu me diras si leur Avril de gloire
Ne vaut pas en effet tout Mozart et Hœndel.

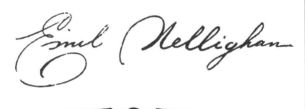

«Sonnet d'or», d'Émile Nelligan, Le Monde Illustré, *12 mars 1898, p. 26.*

«Les bois», encre sur papier, dessin de Georges Delfosse exécuté à la demande de Nelligan pour illustrer son «Sonnet d'or»; Le Monde Illustré *le publie en juillet 1898, acompagné du quatrain d'Albert Ferland qui, l'année suivante, reproduit le dessin seul, dans* Femmes rêvées. *Il s'agit-là du premier poème-affiche en collaboration avec un artiste dans l'histoire de la poésie québécoise.*

LES SOIRÉES

DU

CHATEAU DE RAMEZAY

PAR

L'ÉCOLE LITTÉRAIRE DE MONTRÉAL

LOUIS FRÉCHETTE, WILFRID LAROSE, CHARLES GILL
GONZALVE DESAULNIERS, E. Z. MASSICOTTE
JEAN CHARBONNEAU, GERMAIN BEAULIEU, ALB. FERLAND
HENRI DESJARDINS, ÉMILE NELLIGAN
G. A. DUMONT, ARTHUR DE BUSSIÈRES, PIERRE BÉDARD
HECTOR DEMERS, ANTONIO PELLETIER
H. DE TRÉMAUDAN, ALBERT LOZEAU

MONTRÉAL
EUSÈBE SENÉCAL & CIE, IMPRIMEURS-ÉDITEURS
20, rue Saint-Vincent

1900

Les soirées du Château de Ramezay
par l'École littéraire de Montréal, 1900.

Potiche

C'est un potiche ancien à riche ciselure
Où sont peints des sphinx bleus et des
Lions ambrés.

De côté l'on y voit souple les reins cambrés
Un immobile S's tordant sa chevelure.

En hors des nefs d'azur se glissent
sans voilure
Sur une mer d'argent plate aux ton de ciels
marbrés;
C'est un potiche ancien à riche cise-
lure
Où sont peints des sphinx bleus et des
lions ambrés.
Mon âme est ce potiche où se fausse
moulure

8 Sept. 1933 Émile Nelligan
Saint Jean

«Potiche», manuscrit d'Émile Nelligan, 8 septembre 1933.

Les Ouaouarons

Quand l'arbre enténébré dans les lacs semble choir,
Grenouilles que la mort des soleils fait poètes,
Vos chants, tels des adieux à la fuite du soir,
Surgissent, solennels, au bord des eaux muettes.

Grenouilles, mon enfance a compris votre voix,
Pieds nus et l'âme ouverte au Cantique des grèves,
Esseulé dans la paix auguste des grands bois,
J'ai fait aux couchants roux l'hommage de mes rêves.

Comme un troupeau de boeufs, vers la chute du jour,
Remplit de beuglements le calme des prairies,
Vous avez, quand vient l'heure où l'âme a plus d'amour,
Peuplé de chants profonds mes jeunes rêveries.

Qu'ils sont lointains les soirs pensifs de mes douze ans,
Ces soirs dont la grandeur a fait mon âme austère,
Ces soirs où vous chantiez, ouaouarons mugissants,
La douce majesté de la grise lumière.

Je revois la savane où ces soirs sont tombés;
Je revois s'empourprer les soleils en déroute:
En vain le flot des nuits me les a dérobés,
Sanglante, leur image à mon rêve s'ajoute.

Ah! vos cris d'autrefois, grenouilles de chez nous,
A jamais regrettés, traversent ma mémoire;
Toujours dans mon esprit, religieux et doux,
Regardent vos yeux d'or vers des soirs pleins de gloire!

Albert Ferland

«Les Ouaouarons», manuscrit d'Albert Ferland, sans date.

Albert Ferland

Montréal 1872 — Montréal 1943

Albert Ferland est un perfectionniste tant dans ses poèmes que dans son art; non seulement son écriture finement ciselée, cent fois remise sur le métier, partagée entre le romantisme, le Parnasse et le symbolisme, atteint des perfections toutes classiques, mais ses réalisations à titre de dessinateur, graphiste, portraitiste, enlumineur, éditeur d'art, concepteur de timbres-poste, photographe même, sont d'une prouesse remarquable. Créateur multidisciplinaire précurseur, mais méconnu, il ne peut que vivoter pauvrement malgré le niveau d'excellence de son travail. Ses recueils sont des bijoux d'édition depuis ce premier livre d'art, *Femmes rêvées*, en 1899, illustré par le renommé peintre Georges Delfosse, puis les quatre fascicules du *Canada chanté*, dont le dernier, un chant religieux, en 1910, sera son ultime publication. Il a réalisé la conception graphique du livre fondateur de notre littérature : *Les Soirées littéraires du château de Ramezay*; nombreux sont ses amis qui bénéficièrent de son talent, mais son extrême indigence et sa santé fragile l'empêchent d'être plus productif. C'est un chantre du terroir; l'appellation même lui est redevable. De même, *Le Pays Laurentien*, la revue de Malchelosse en 1916. C'était son idée. Tant par son écriture que par ses dessins, c'est un observateur incomparable de la nature, de la forêt laurentienne, de sa flore comme de sa faune; son ami le frère Marie-Victorin l'admire et l'introduit à la Société royale du Canada dans le bulletin de laquelle paraissent ses ultimes vers. Il meurt dans un quasi-anonymat. Trois ans après sa mort, son fils publie, sans guère d'écho, son recueil *Montréal, ma ville natale*. Pour la première fois en 2003, grâce à une collaboration entre Gaëtan Dostie et Jean-Guy Paquin, un album publié aux Écrits des Hautes Terres lui est consacré.

Synthèse de la ville

De loin le port vous dit que la ville est géante,
Gerbe immense de murs d'édifices hautains;
Dans son cœur retentit le cri rauque des trains;
Travailleuse, elle vit ses heures trépidantes.

Elle est âme et granit et prière ardentes;
Elle entend mille pas marteler ses matins;
Son peuple sans répit façonne ses destins;
Elle est l'usine-enfer et le clocher qui chante.

Ses quais de maints pays reçoivent les vaisseaux;
Voyez ses grands marchés, ses gares près des flots :
Elle remplit les yeux d'un rêve d'opulence.

Énorme ruche humaine aux abeilles d'espoir,
Monde avide de biens, de beauté, de savoir,
Elle est dans son orgueil un New-York en puissance. [16]

L'ours blanc

Il est sous les cieux froids la vie errante et chaude
L'éternel écumeur du rivage glacé,
Rêvant pour tout bonheur des chairs du cétacé,
Le grand ours, ton enfant, solitude esquimaude.

Blancheur que le Tchiglit redoute, morne, il rôde,
Flaire l'île flottante où le morse a passé,
Recherche dans le vent des râles de blessé,
Songe devant le bleu des golfes d'émeraude.

Terre des Inuït, jours pâles, flots du Nord,
Il vous aime l'ours blanc au pied rapide et fort,
Attaché comme l'homme à la rive natale.

Pays, pour te garder ce fils obscur combat.
Un rêve à ton image habite ce front plat,
Car ta rudesse est douce à son âme brutale. [17]

Louis-Joseph Doucet et son épouse, circa 1910.

Louis-Joseph Doucet

Lanoraie 1874 — Montréal 1959

Poète et conteur prolifique, Louis-Joseph Doucet
écrit plus d'une trentaine de livres, le premier étant
La Chanson du passant édité par Ferland en 1908. Victime
de cette surproduction, ses mièvreries, ses plaintes, ses
redites et son classicisme ont masqué son authenticité,
sa sincérité, son réalisme, sa bonhomie. Né à Lanoraie,
fils de cultivateur, il s'engage, dès ses quinze ans, comme
mousse à bord des caboteurs du Saint-Laurent. Il n'entreprend son cours classique
au Collège de Joliette qu'avec la vingtaine. Il vivote dans de multiples petits emplois
jusqu'en 1911, alors qu'il devient fonctionnaire au département de l'Instruction publique
à Québec. Membre de l'École littéraire de Montréal entre 1902 et 1907, membre
fondateur de la Société des poètes canadiens-français à Québec en 1923, qui le proclame,
l'année suivante, «Prince des poètes», à sa mort, il est retraité à Montréal. Un album
est en préparation.

Le noyé

Par un de ces soirs éperdus
Que les bourrasques aiguillonnent,
Lorsque les éclairs répandus
Battent les ondes qui bouillonnent
Dans une plainte monotone
De son écubier qui grinçait,
Tel qu'un coursier qu'on éperonne,
Notre navire se dressait.

Je veillais sur le lac Saint-Pierre,
À trois milles de Nicolet;
Les compagnons étaient à terre,
L'ancre sautait sur les galets;
Le navire allait, reculait,
Au gré de cette nuit austère,
Au gré du large qui soufflait
Et qui grondait, plein de tonnerre.

L'éclair d'or jaune et violet
Embrase le ciel et le monde,
Et tout à coup verse un reflet,
Avec des tristesses profondes,
Sur une forme dans les ondes;
Et l'on eût dit, à cet instant,
Un flot noir sur la vague blonde
Roulant sous l'éclair inconstant.

Le courant traîne cette forme
Vers le bateau; le vent se plaint
Sur la crête des flots énormes;
Et je guette du clapotin
Toujours cette forme qui vient
À chaque jet de feu qui brille.
Tremblant, je lance le grappin,
Je l'ai, ce n'est qu'une guenille,

Non, Ah! c'est un ballot perdu!
Je tire et tourne… le visage
Épais d'un noyé corrompu
Pleure sous l'éclair du nuage.
Au même instant dans les cordages
Vient se poser un gros oiseau
Noir, sinistre comme l'orage,
Qui jette un long cri sur les eaux.

Soir de la pénible trouvaille!
Soir du mois d'août, un jeudi!
Lorsque j'y songe je tressaille,
Et depuis souvent je me dis :
Je suis bien faible et bien petit,
Hélas! je suis un lâche en somme;
Un mort m'a fait plus interdit,
Plus triste que n'ont fait les hommes! [18]

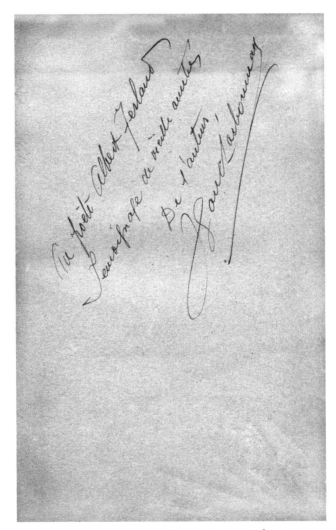

Dédicace de Jean Charbonneau à Albert Ferland, dans L'Âge de sang, *Paris, Librairie Alphonse Lemerre, 1921.*

Jean Charbonneau

Montréal 1875 — Saint-Eustache 1960

Jean Charbonneau s'intéresse très tôt à l'aventure littéraire montréalaise. En 1894, il est un participant enjoué du groupe «Six éponges» qui, l'année suivante, donne naissance à l'École littéraire de Montréal dont il est le premier président, l'hôte le plus régulier et le mémorialiste. La publication de l'*Histoire de l'École littéraire* en 1935, à la veille de son départ pour Québec où il est nommé traducteur à l'Assemblée législative du Québec, marque la fin du groupe. Né à Montréal, études classiques au Collège Sainte-Marie, reçu avocat en 1903, c'est le théâtre qui l'intéresse d'abord. Il connait une carrière sous le pseudonyme de Delagny, écrivant des pièces, des essais sur le symbolisme, avant de se mettre à la poésie et de publier, chez le célèbre éditeur parisien Lemerre, ses *Blessures* en 1912. Cinq autres recueils suivent. Homme rationnel, plutôt caché derrière des pensées générales malgré sa grande culture, son admiration pour Nietzsche et Hugo notamment, son écriture, toute classique, grandiloquente, laborieuse, est restée méconnue.

L'âge de sang

Farouche, un cataclysme a passé sur la terre.
Elle nous apparaît, hélas! Si solitaire,
Qu'elle semble à présent stérile à tout jamais.
Tout est-il donc fini? Les Ères révolues
Vont-elles s'engloutir dans les nuits absolues
Et ne laisser que des regrets?

Le siècle jeune encor se lève dans les râles :
Son firmament s'attriste et ses astres sont pâles!
Un souffle de discorde effroyable, en passant
Sur la plaine, a jonché les guérets de décombres;
Et l'on a vu, pareils à de sinistres ombres,
Des fleuves se gorger de sang!

Le monde est devenu l'arène des batailles
Où l'on entend le bruit des stridentes mitrailles,
Où les champs dévastés ne portent plus de nom.
Et tous les carrefours, toutes les avenues
Recèlent dans leurs plis, embûches inconnues,
L'affût menaçant d'un canon.

La cité se remplit des cris de la torture;
De tous côtés les corps sans sépulture,
Des femmes, des enfants dont les fronts sont troués.
Les arbres comme fruits ont des têtes humaines,
Des cadavres, lambeaux retenus par des chaînes
Et par les obus secoués.

Ô désolation! Voir la terre changée
En quelque formidable et sanglant hypogée!
Voir les hommes penchés sur un gouffre béant!
Voir les races d'hier, lourdement accroupies,
Tremblantes de frayeur devant tant d'utopies
Dont elles ont vu le néant!

Voir l'univers tomber dans sa beauté dernière,
Victime de sa force et privé de lumière!
Voir disparaître ainsi tant de vastes efforts!
Se voir rétrograder vers les siècles barbares
Où les noirs préjugés avaient servi de phare :
Se voir mourir de ses remords!

Voir tant de monuments aux lourds échafaudages
S'écrouler en poussière, à la suite des Âges,
Dans l'ombre d'où paraît surgir le temps nouveau!
Voir vingt siècles en cendre et leur œuvre engloutie!
Toute l'énorme tâche humaine anéantie
Devant les portes du tombeau!

Oui, ce siècle de sang paraît attentatoire
Aux probantes leçons que lui donna l'Histoire :
Il y trouve le but de ses destructions.
Le Golgotha sanglant aux pentes éternelles
Lui rappelait en vain les amours fraternelles,
Héritage des nations.

*...*₁₉

Lionel Léveillé

Saint-Gabriel-de-Brandon 1875 — Montréal 1955

Lionel Léveillé vient à peine d'être reçu au Barreau, quand il est admis à l'École littéraire de Montréal en 1908; il en devient président en 1919. De ses quatre recueils, les deux premiers sont publiés sous le pseudonyme d'Englebert Gallèze; c'est un poète du terroir féru de folklore et de dits populaires dont il s'inspire pour tisser une poésie paysanne, romantique. Né à Saint-Gabriel-de-Brandon, il passe par le Collège de Joliette avant de faire son droit à l'Université de Montréal. En 1929, il entre au bureau du protonotaire de Montréal.

Ronde enfantine

Dans les charmilles printanières,
Troupe folle aux bruyants ébats,
    Petites filles, petits gâs,
Tant que la terre tournera,
Dansez vos rondes familières :
    « Trois fois passera. »

En robes claires de dimanche,
En guenillons qu'on n'aime pas,
    Petites filles, petits gâs,
Comme vous, sans nul embarras,
Jadis nous chantions à voix franche :
    « Trois fois passera. »

Pour quelque irréparable offense,
Quand un front pur s'assombrira,
    Petites filles, petits gâs.
Sa peine, maman dans ses bras,
Berçant et berçant en cadence,
    « Trois fois passera. »

Ce que la vie a de vulgaire
Votre âme pourtant l'apprendra,
    Petites filles, petits gâs,
Assaillie par mille tracas;
Ce feu clair sous votre paupière
    « Trois fois passera. »

La douleur qu'un amour vous laisse,
En s'en allant comme un ingrat,
        Petites filles, petits gâs,
Un autre amour la guérira
Qui, renégat à sa promesse,
        « Trois fois passera. »

Ah! qu'un malheur plus grand vous guette,
Tout au bout des chemins, là-bas,
        Petites filles, petits gâs,
Que l'âge, un jour assagira!
Cette tristesse, sur vos têtes,
        La dernière restera.

Sur le sable et sur les bruyères.
Troupe folle aux bruyants ébats,
        Petites filles, petits gâs,
Tant que la terre tournera,
Dansez vos rondes familières.
        « Trois fois passera. » [20]

ARTHUR de BUSSIÈRES

LES
BENGALIS

poèmes épars recueillis

par

CASIMIR HÉBERT

PRÉSIDENT DE LA SOCIÉTÉ DE LINGUISTIQUE
DU CANADA.

EDITIONS EDOUARD GARAND
1423-1425-1427, rue Ste-Elisabeth
MONTRÉAL
1931

Page couverture, Les Bengalis *d'Arthur de Bussières,*
Montréal, Éditions Édouard Garand, 1931.

Arthur de Bussières

Montréal 1877 — Montréal 1913

Tout évidente que soit sa sensibilité romantique, Arthur de Bussières est parnassien, brossant des tableaux-poèmes aux rimes sonores avec un vocabulaire recherché, exotique, porté par l'imaginaire dans des contrées orientales ou nordiques. Il édifie de grandioses perspectives, d'élégants sonnets un peu froids, fascinants par leur étrangeté, leurs couleurs et leurs raffinements linguistiques. Né à Montréal, dans une famille pauvre, il fréquente l'École Saint-Jean-Baptiste, mais dès 1895, il gagne sa vie comme peintre en bâtiment et décorateur de vitrines; admis à l'École littéraire de Montréal dès 1896, c'est lui qui y introduit Nelligan quelques mois plus tard. Son logement de la rue Saint-Laurent sert de repaire tant à Gill qu'à Nelligan qui y passe le plus clair des six mois précédent avant son internement en 1899. En 1900, il disparaît du paysage littéraire pendant une dizaine d'années. Sa mort en 1913 passe inaperçue. Ses poèmes sont édités en 1931 par Édouard Garand; une édition critique, préparée par Robert Giroux, paraît en 1975.

Icebergs

Glaciers, monstres géants, pics que le froid dentelle
Et qui donnez, tordus aux polaires clartés,
Sur vous les feux du jour avec l'astre emportés
Semblent des lambeaux roux au front blanc d'une stèle.

Cependant, vieux captifs, dans la houle immortelle
Où se crispent roidis, vos flancs diamantés,
Vous bercez aux moiteurs de vos tons argentés
Le morse aux crocs d'ivoire et la glauque étincelle.

Et même que toujours impassibles et nus
Vous cabrez sous les cieux vos créneaux inconnus
Flamboyant dans l'éther comme l'acier des lances,

À vos sommets hardis, ô tranquilles écueils,
Vous portez gravement, sur la nuit des silences
La rigidité morne et sombre des cercueils… ₂₁

Canopus

Tu fends les flots lointains du céleste océan,
Focs gonflés aux frissons de la nuit séculaire
Sous les impulsions du timonier stellaire
Et des gouffres hauteurs de l'ombre et du néant.

Tu rêves aux clartés de ton beaupré géant,
– Polacre constellante ou sublime galère, –
À l'idéal abord de la ville polaire
Dans l'envoi éternel de ton amour béant.

Pourtant lorsqu'aux éclats de tes fanaux magiques,
Tu revois aux miroirs de tes mers léthargiques
Ton immortalité rompue à ces grandeurs.

Avec toi, dont l'espoir à tout l'infini s'ancre,
Je cherche, de mes yeux, au sein des profondeurs,
La plage irrévocable où nous jetterons l'ancre… [22]

Albert Lozeau

ŒUVRES POÉTIQUES COMPLÈTES

ÉDITION CRITIQUE
PAR MICHEL LEMAIRE

BNM

LES PRESSES
DE L'UNIVERSITÉ
DE MONTRÉAL

Page couverture d'Œuvres poétiques complètes d'Albert Lozeau, 2002.

Albert Lozeau

Montréal 1878 — Montréal 1924

Albert Lozeau avait à peine treize ans quand se manifeste le mal du Pott. Alité dès 1891, paralysé à partir de 1896, sa chambre, sera son antre, son cocon, et sa chaise, sa prison. Cet autodidacte dévoreur de livres, d'un charisme certain, sait nouer de solides amitiés; Charles Gill l'introduit comme membre correspondant à l'École littéraire de Montréal et lui présente sa sœur Marie.

Un cénacle, surtout composé de jeunes filles l'entoure, l'assiste tant qu'il espère une guérison. Ce sont ses grandes années de création, de production de chroniques et de critiques littéraires pour des périodiques. La publication en 1907, à Paris, de *L'âme solitaire*, lui donna une aura et un prestige considérables. Bien sûr, son image de «poète-martyr» lui attire quelques sympathies, mais voilà, du réduit d'où il observe le monde, quelle écriture lumineuse, sereine quoique nostalgique, triste sans être ténébreuse! Il rêve d'un grand amour que son handicap lui interdit, il parle donc de la solitude et du silence, soutenu par une foi toute simple. Ses maîtres sont les symbolistes tendres. Son monde intérieur éclate partout; il est le sujet de son écriture. À sa mort, il préparait l'édition en trois volumes de ses poésies qui paraît l'année suivante. Michel Lemaire vient de publier, en 2002, l'édition critique de sa poésie.

La poussière du jour

La poussière de l'heure et la cendre du jour
En un brouillard léger flottent au crépuscule.
Un lambeau de soleil au lointain du ciel brûle,
Et l'on voit s'effacer les clochers d'alentour.

La poussière du jour et la cendre de l'heure
Montent, comme au-dessus d'un invisible feu,
Et dans le clair de lune adorablement bleu
Planent au gré du vent dont l'air frais nous effleure.

La poussière de l'heure et la cendre du jour
Retombent sur nos cœurs comme une pluie amère,
Car dans le jour fuyant et dans l'heure éphémère
Combien n'ont-ils pas mis d'espérance et d'amour!

La poussière du jour et la cendre de l'heure
Contiennent nos soupirs, nos vœux et nos chansons;
À chaque heure envolée, un peu nous périssons,
Et devant cette mort incessante, je pleure

La poussière du jour et la cendre de l'heure… [23]

J'attends. Le vent gémit.

J'attends. Le vent gémit. Le soir vient. L'heure sonne.
Mon cœur impatient s'émeut. Rien ni personne.
J'attends, les yeux fermés pour ne pas voir le temps
Passer en déployant les ténèbres. J'attends.
Cédant au sommeil dont la quiétude tente,
J'ai passé cette nuit en un rêve d'attente.
Le jour est apparu baigné d'or pourpre et vif,
Comme hier, comme avant, mon cœur bat attentif.
Et je suis énervé d'attendre, sans comprendre,
Comme hier et demain, ce que je puis attendre.
J'interroge mon cœur, qui ne répond pas bien…
Ah! qu'il est douloureux d'attendre toujours – rien! [24]

Érable rouge

Dans le vent qui les tord les érables se plaignent,
Et j'en sais un, là-bas, dont tous les rameaux saignent!

Il est dans la montagne, auprès d'un chêne vieux,
Sur le bord d'un chemin sombre et silencieux.

L'écarlate s'épand et le rubis s'écoule
De sa large ramure au bruit frais d'eau qui coule.

Il n'est qu'une blessure où, magnifiquement,
Le rayon qui pénètre allume un flamboiement!

Le bel arbre! On dirait que sa cime qui bouge
A trempé dans les feux mourants du soleil rouge!

Sur le feuillage d'or au sol brun s'amassant,
Par instant, il échappe une feuille de sang.

Et quand le soir éteint l'éclat de chaque chose,
L'ombre qui l'enveloppe en devient toute rose!

La lune bleue et blanche au lointain émergeant,
Dans la nuit vaste et pure y verse une eau d'argent.

Et c'est une splendeur claire que rien n'égale,
Sous le soleil penchant ou la nuit automnale! ₂₅

Émile Nelligan

Montréal 1879 — Montréal 1941

Éblouissant telle une comète dans la nuit littéraire
des débuts de notre littérature, beau dieu capable
d'enflammer les cœurs, collégien en cavale, sans travail,
sans métier, totalement investi dans la poésie, ses rêves,
ses peurs, ses anges et ses démons, à vingt ans, Émile
Nelligan a écrit toute son œuvre. En août 1899, il est
interné à la retraite Saint-Benoît où il est abandonné
à lui-même, puis un quart de siècle plus tard, à la mort de son père, il est transféré
à l'Hôpital Saint-Jean-de-Dieu d'où il ne sortira pas. À la demande de sa mère, le père
Eugène Seers, membre des pères du Saint-Sacrement, prend en charge la préparation
de l'édition de sa poésie. C'est donc dans la petite imprimerie de la congrégation
religieuse, située à l'angle des rues Saint-Hubert et Mont-Royal, qu'est imprimé,
en 1903, le célèbre recueil. Au moment où il défroque, le père Seers prend le
pseudonyme de Louis Dantin. C'est donc sous ce nom qu'il signe la célèbre préface
annonçant la «mort» du poète. Des études récentes laissent entrevoir que Dantin a
aussi parfois «corrigé» son protégé. Nelligan est né à Montréal, d'un père irlandais et
d'une mère canadienne-française. Selon un pacte familial, le premier enfant est élevé
en français, le second en anglais; il en est ainsi. Nelligan fait ses études en français,
choisit la culture de sa mère, fait des tentatives pour franciser son nom qu'il prononce
à la française. Ses conflits avec son père sont un cauchemar. Bussières l'amène à l'École
littéraire de Montréal en 1897 et l'accueille de nombreuses fois à son logement de la
rue Saint-Laurent. À l'École, il est la figure la plus lumineuse. Sa lecture de *La Romance
du vin* au Château de Ramezay déclenche un délire dans la foule. Sa poésie innove, pas
tant par sa forme toute classique, loin de la révolution du vers libre, mais dans les traces

des symbolistes, la sincérité bouleversante de ses frissons, de ses prémonitions du gouffre où il se voit plonger, justifie l'admiration unanime et persistante qu'on lui voue. Dès 1952, Luc Lacoursière publie une édition critique de sa poésie. Paul Wyczynski a consacré sa vie à son œuvre et publié plusieurs études, ainsi qu'une nouvelle édition critique et un extraordinaire album chez Fides. La chanson, l'opéra, le théâtre, les études savantes, les manifestations publiques, de même que l'usage citoyen de son nom, ont consacré sa célébrité sans partage. La fondation qui porte son nom offre un prix à un jeune poète, constitué à même ses droits d'auteur accumulés.

La romance du vin

Tout se mêle en un vif éclat de gaîté verte.
Ô le beau soir de mai! Tous les oiseaux en chœur,
Ainsi que les espoirs naguères à mon cœur,
Modulent leur prélude à ma croisée ouverte.

Ô le beau soir de mai! le joyeux soir de mai!
Un orgue au loin éclate en froides mélopées;
Et les rayons, ainsi que de pourpres épées,
Percent le cœur du jour qui se meurt parfumé.

Je suis gai! je suis gai! Dans le cristal qui chante,
Verse, verse le vin! verse encore et toujours,
Que je puisse oublier la tristesse des jours,
Dans le dédain que j'ai de la foule méchante!

Je suis gai! je suis gai! Vive le vin et l'Art!…
J'ai le rêve de faire aussi des vers célèbres,
Des vers qui gémiront les musiques funèbres
Des vents d'automne au loin passant dans le brouillard.

C'est le règne du rire amer et de la rage
De se savoir poète et l'objet du mépris,
De se savoir un cœur et de n'être compris
Que par le clair de lune et les grands soirs d'orage!

Femmes! je bois à vous qui riez du chemin
Où l'Idéal m'appelle en ouvrant ses bras roses;
Je bois à vous surtout, hommes aux fronts moroses
Qui dédaignez ma vie et repoussez ma main!

Pendant que tout l'azur s'étoile dans la gloire,
Et qu'un hymne s'entonne au renouveau doré,
Sur le jour expirant je n'ai donc pas pleuré,
Moi qui marche à tâtons dans ma jeunesse noire!

Je suis gai! je suis gai! Vive le soir de mai!
Je suis follement gai, sans être pourtant ivre!…
Serait-ce que je suis enfin heureux de vivre;
Enfin mon cœur est-il guéri d'avoir aimé?

Les cloches ont chanté; le vent du soir odore…
Et pendant que le vin ruisselle à joyeux flots,
Je suis si gai, si gai, dans mon rire sonore,
Oh! si gai, que j'ai peur d'éclater en sanglots! [26]

Soir d'hiver

Ah! comme la neige a neigé!
Ma vitre est un jardin de givre.
Ah! comme la neige a neigé!
Qu'est-ce que le spasme de vivre
À la douleur que j'ai, que j'ai!

Tous les étangs gisent gelés,
Mon âme est noire : Où vis-je? Où vais-je?
Tous ses espoirs gisent gelés :
Je suis la nouvelle Norvège
D'où les blonds ciels s'en sont allés.

Pleurez, oiseaux de février,
Au sinistre frisson des choses,
Pleurez, oiseaux de février,
Pleurez mes pleurs, pleurez mes roses,
Aux branches du genévrier.

Ah! comme la neige a neigé!
Ma vitre est un jardin de givre.
Ah! comme la neige a neigé!
Qu'est-ce que le spasme de vivre
À tout l'ennui que j'ai, que j'ai! [27]

Clair de lune intellectuel

Ma pensée est couleur de lumières lointaines,
Du fond de quelque crypte aux vagues profondeurs.
Elle a l'éclat parfois des subtiles verdeurs
D'un golfe où le soleil abaisse ses antennes.

En un jardin sonore, au soupir des fontaines,
Elle a vécu dans les soirs doux, dans les odeurs;
Ma pensée est couleur de lumières lointaines,
Du fond de quelque crypte aux vagues profondeurs.

Elle court à jamais les blanches prétentaines,
Au pays angélique où montent ses ardeurs,
Et, loin de la matière et des brutes laideurs,
Elle rêve l'essor aux célestes Athènes.

Ma pensée est couleur de lunes d'or lointaines. [28]

Prière du soir

Lorsque tout bruit était muet dans la maison,
Et que mes sœurs dormaient dans des poses lassées
Aux fauteuils anciens d'aïeules trépassées,
Et que rien ne troublait le tacite frisson

Ma mère descendait à pas doux de sa chambre ;
Et, s'asseyant devant le clavier noir et blanc,
Ses doigts faisaient surgir de l'ivoire tremblant
La musique mêlée aux lunes de septembre.

Moi, j'écoutais, cœur dans la peine et les regrets,
Laissant errer mes yeux vagues sur le Bruxelles,
Ou, dispersant mon rêve en noires étincelles,
Les levant pour scruter l'énigme des portraits.

Et cependant que tout allait en somnolence
Et que montaient les sons mélancoliquement,
Au milieu du tic-tac du vieux Saxe allemand,
Seuls bruits intermittents qui coupaient le silence,

La nuit s'appropriait peu à peu les rideaux
Avec des frissons noirs à toutes les croisées,
Par ces soirs, et malgré les bûches embrasées,
Comme nous nous sentions soudain du froid au dos !

L'horloge chuchotant minuit au deuil des lampes,
Mes sœurs se réveillaient pour regagner leur lit,
Yeux mi-clos, chevelure éparse, front pâli,
Sous l'assoupissement qui leur frôlait les tempes;

Mais au salon empli de lunaires reflets,
Avant de remonter pour le calme nocturne,
C'était comme une attente inerte et taciturne,
Puis, brusque, un cliquetis d'argent de chapelets…

Et pendant que de Liszt les sonates étranges
Lentement achevaient de s'endormir en nous,
La famille faisait la prière à genoux
Sous le lointain écho du clavecin des anges. [29]

Alphonse Beauregard

La Patrie 1881 — Montréal 1924

Tout romantique qu'il soit, il pratique les règles strophiques avant de s'adonner au vers libre vers la fin de sa vie ; la pensée philosophique d'Alphonse Beauregard se déploie d'une façon telle qu'elle module autant le paysage que ses divagations existentielles, sur le néant, la nécessaire lucidité. Né à La Patrie (Compton), à la mort de son père, il abandonne à onze ans ses études, vivote de petits emplois jusqu'à son installation à Montréal en 1898 ; entré au service de la Compagnie du Havre en 1907, il y travaille jusqu'à sa mort. Admis à l'École littéraire de Montréal en 1908, il en est l'un des membres les plus actifs. Il participe à la publication du *Terroir* en 1910 et en devient secrétaire à partir de 1912, puis président, à la veille de son asphyxie au gaz. Ses deux recueils n'ont jamais été réédités.

Impuissance

Je ne sais pas si je sais vivre.
Plusieurs fois chaque jour je devrais arrêter
  L'instant qui se faufile et fuit,
Et désespérément me cramponner à lui.
   Je devrais serrer sur mon cœur
   Les voluptés que j'ai conquises
   Contre les hommes et la bise,
Sentir en moi, autour de moi sourdre la vie,
Entendre murmurer, dans l'espace et le temps,
Le cantique éternel des recommencements,
Tandis qu'éparpillé, distrait, hors de mon centre
Je ne puis retenir mon esprit qui combat
   Pour m'enlever deçà, delà
Des bonheurs qui de loin sont clairs et définis

Mais sitôt près de moi paraissent des brouillards.
   Chaque matin je suis mordu
   Du besoin d'aller vers un but
Que mon désir découpe au lointain, dans la paix.
Plus loin, toujours plus loin la plaine reposante!
   Et je marche… mais quand j'arrive,
Comme si j'apportais avec moi la tourmente,
Je trouve une prairie hérissée par le vent.

Je cherche en vain la vérité.
Un homme dit : «Elle est ici,»
Un autre fait signe : «Elle est là,»
Mais je ne trouve rien qu'un décalque d'eux-mêmes.

Je ne sais s'il vaut mieux être un simple d'esprit
    Auquel on a tracé sa route,
Ou celui qui s'abreuve à toutes les idées,
    Qu'assaillent tous les doutes.
Je ne sais s'il vaut mieux que le monde déploie
Les sombres violets et le pourpre du mal
Parmi quoi la bonté, pur diamant, flamboie,
    Ou qu'il devienne sage et terne.
    Je ne sais même pas
Si mieux vaut une nuit d'orgie ou de pensée.
    Je repousse du pied des dieux
Que dans mille ans d'autres, peut-être, adoreront
    Comme je l'ai fait à mon heure.
    Parmi les vérités contraires,
    Chacune calmante à son tour,
Je suis comme au milieu de plantes salutaires
Mais dont nulle ne peut me soutenir toujours.

Je ne sais pas encore
Si je n'ai pas toujours rêvé.
Tout à coup je perçois que jaunissent les feuilles
  Et je dis : C'est l'automne!
Mais qu'ai-je donc fait de l'été?

Je cherche alors ce qui m'advint dans le passé,
  La colonnade de ma vie,
  La volonté libre et suivie
Par laquelle je fus moi-même éperdument.
Les montagnes et les vallées de l'existence
Impérieusement dictèrent ma conduite.
La faim me bouscula jusqu'aux lieux d'abondance,
Mon courage naquit de l'effroi d'un malheur,
  D'un malheur à venir plus grand
  Que celui du moment.
  Je ne sais sur quoi m'appuyer,
Je vis de mouvement et rêve de bonheur
Alors que le bonheur, m'arrêtant, me tuerait.
Aucun jour ne ressemble au jour qui le précède,
Incessamment la voix des âges se transforme.
  Je passe au milieu de mes frères,
Je les vois se rosir de la flamme première,
Puis se plisser, pareils à des outres vidées,
  Et, quelque matin, disparaître.
  Magiquement croît la forêt

Où jadis l'herbe s'étalait.
La vie aux formes innombrables
S'impose à mes regards, me commande, m'étreint
Sans dévoiler ses fins.
Et, face à l'étendue, ballant, désemparé,
Perdu sur cette terre absurde
Où nul ne pénètre les autres,
Où nul ne se connaît lui-même,
Où nul ne comprend rien,
Je crie mon impuissance aux formidables forces
De la matière en marche, éternelle, infinie. [30]

à Roland Dussault, cette
confession et ces souvenirs
qui l'intéresseront peut-être
Son ami

NOCTURNES

Marcel Dugas

Dédicace de Marcel Dugas, dans Nocturnes, *Paris, Archipels Jean Flory, 1936.*

Marcel Dugas

Saint-Jacques-de-l'Achigan 1883 — Montréal 1947

Vers 1915, Marcel Dugas représente l'avant-garde. Il écrit des poèmes en prose chantant Verlaine, collabore en 1918 à la revue *Le Nigog*, qui ouvre sur la modernité, et combat le régionalisme. Il voit comme une corruption l'idée d'écrire une langue «canadienne» qu'il voit comme une corruption; précurseur sans doute, il exercera pourtant peu d'influence sur ses contemporains. Ses longs séjours en France lui permettent de saisir la poésie universelle, de s'inscrire dans la modernité. Né à Saint-Jacques-de-l'Achigan, il fait ses études au Séminaire de Joliette et au Collège de l'Assomption. En 1910, il est à Paris, fréquentant ses amis qui vont fonder *Le Nigog* et décrochant un diplôme d'enseignement du français. La guerre le ramène à Montréal en 1914 où il travaille à la Bibliothèque municipale jusqu'en 1920, alors qu'il retourne à Paris pour n'en revenir qu'en 1940. Affecté aux archives du Canada à Ottawa, il est de retour à Montréal en 1946, où il travaille aux archives du Château de Ramezay jusqu'à sa mort. Son œuvre poétique, presque entièrement publiée à Paris, vient de faire l'objet d'une édition critique.

Litanies

Petites filles dont la bouche s'ouvre comme une fleur…

Petites filles dont les pieds se croisent et font penser aux bacchantes…

Petites filles menues comme des images, et pâles et grises comme elles…

Petites filles arrêtées au miroir devant leurs charmes qui naissent…

Petites filles qui écoutent sourdre le flot du désir et tremblent d'émoi…

Petites filles écroulées sur des coussins roses et que taquine la tentation…

Petites filles à la voix molle, suppliante, et qui ploient à la façon des tiges de roseaux…

Petites filles qui s'aiment dans leurs bras, leur chevelure et leur quinze corps…

Petites filles inquiètes de l'attente fatale, de tout ce qui va révéler en elles la femme…

Petites filles mûres pour l'œuvre de chair…

Petites filles jouant dans le lac et que vêtent les frissons des lys d'eau et la fraîcheur montante
     des abîmes…

Petites vierges, dans l'arène sanglante, qui pantèlent sous la dent des lions et qu'embrasse
     le regard haletant des vieillards…

Petites filles hallucinées, créatrices de fièvre et qui pleurent dans leurs bras sur
     le beau rêve mortel…

Petites épouses de la mer, de la vague, des parfums, de l'imagination espérante…

Petites filles toutes éparses dans la planète, la nuit de la Terre et qui sont les sœurs charnelles des lointaines étoiles...

Petites filles mortes de sentir et qui tendent encore leurs bouches de grenades...

Petites filles muettes, crispées, douloureuses, perdues de caresses, de sanglots et de larmes...

Petites madones pâlies, auréolées du mystère joyeux de la nature, si fixes dans l'amour qu'elles en paraissent mourir...

Petites Vénus, amoureuses défaillantes, qui se consument d'ardeur sombre et bâillent, en gémissant, leur vie pauvre, si fragile...

Rose et frais gibier, tenu en laisse, aimables et douloureuses victimes, vous vous levez sur des mondes détruits, des nuits esseulées et mornes, et vous recomposez, dans le rêve et l'action, la merveilleuse mascarade des êtres. Ô caravane illuminée d'où part l'essaim vibrant des abeilles, du désir et des âmes!

Petites filles qui vont faire le triste et odieux tour du monde, donnez-nous des baisers...

Petites filles, inconscientes et brutales, telles la vie, arrachez-nous des baisers...

Ainsi Faust, canaille, divaguait dans la nuit. [31]

Cette ferveur

Cette ferveur du premier soir,
Ce corps mince qui se jette plutôt qu'il se donne,
Cette main crispée sous la caresse
Et surtout ce beau masque,
Si fixe lorsque la fleur s'épanouit. ₃₂

René Chopin

Sault-au-Récollet 1885 — Montréal 1953

René Chopin est un esthète, s'attachant à décrire en
vers parnassiens le paysage nord-américain. Son premier
recueil publié à Paris en 1913 est caractérisé par une
recherche de mots rares abusifs, alors qu'une ironie
et l'apparition du vers libre marquent vingt ans plus
tard son second recueil. Il collabore à la revue *Le Nigog*
et est critique littéraire au journal *Le Devoir* en 1944.

Né au Sault-au-Récolet, il fait ses études classiques au Collège Sainte-Marie, son droit
à l'Université Laval de Montréal, et est reçu notaire en 1910; il exerce sa profession
jusqu'à sa mort.

Le plaisir d'entendre les grenouilles dans la campagne

Sur la grève un brouillard flotte,
L'eau clapote
Et soulève les copeaux frais.
Les baguettes du saule et les champs de quenouilles,
J'écoute au loin dans la campagne les grenouilles
Parmi les joncs, dans les marais.

L'odeur première
Du printemps
C'est celle des étangs;
Vous en êtes la clameur claire,
Ô grenouillères!
Moi,
Toutes
Je vous écoute,
Musiciennes en émoi!

Venues
On ne sait d'où
Et de partout,
Les plus menues,
Frêles comme des bourgeons verts,

Et les aînées
D'autres années,
Que gelèrent de lents hivers.

Celles qui peuplent les prairies,
Et les ruisseaux et le limon des marigots.
Celle qui crie
Ou sonne l'on dirait d'un millier de grelots.
Ô soirs rafraîchissants de mai,
Si purs par elles!
Ô ces notes basses de chanterelles,
Chutes à l'eau de lourds écus,
Pendant qu'un trille gai,
Un trille aigu,
Perfore
La nuit opaque, la nuit sonore!

Je ne vois plus les îles ni les roches,
Mais, proches,
Une barque de pêche allume ses flambeaux;
Tout est calme. Seule la fête
Des rainettes à tue-tête

S'extasiant : « Ô feux, ô feux sous l'eau ! »
L'une, plus vieille,
La plus avare,
Les yeux marrons,
Larges et ronds :
« Ô ces merveilles,
Sous mes saules, vues de ma mare,
Ô feux, ô lunes,
Ô tout votre or sous l'eau profonde et sous l'eau brune ! »

Puis encore une :
« Ma peau est verte,
Teinture d'herbe ; elle est couverte
D'un vernis, moucheté de noir, elle est
Peinte comme un jouet ;
Un fort sachet
Qu'imprègnent les senteurs (mousse, fougère)
Du bois natal, trempé de sources où, légères
Fuites, glissent
Ma taille longue et fine et mes agiles cuisses. »

D'autres encore jusqu'à l'aurore :
Indécollables amoureuses
En pâmoison,
Sur nos chapelets d'œufs

Et deux par deux
Nous égrenons et bruissons
Les fredons ahuris de nos amours heureuses.

Toutes à gorge pleine
De se répondre et s'éjouir,
Et de crier, ces petites païennes,
Leur plaisir :

« C'est nous les prophétesses
Du printemps,
Les poétesses
Des étangs.

À nous les brumes et les lunes,
Coassons,
Les nénuphars, les iris bleus, qui sont nos fleurs,
Coassons,
Sous l'haleine des soirs nos liesses communes,
Coassons,
Et nos sabbats et leurs minuits ensorceleurs!

À nous la pluie,
Ses vives gouttelettes,
Humbles colliers des grenouillettes,
Chantons,

La tribu des roseaux sous l'averse qui plie,
Chantons,
À nous le marécage odorant et fermé…! »

Sur la grève un brouillard flotte,
L'eau clapote;
Dans la campagne au mois de mai,
Ô le plaisir de vous entendre, ô clameurs claires
Des grenouillères! [33]

Dédicace de René Chopin, dans Le Cœur en exil,
Paris, Georges Crès, 1913.

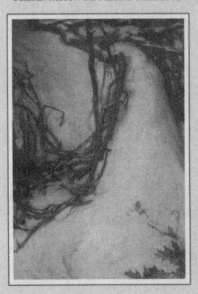

Page couverture de L'invitation à la vie *de Robert de Roquebrune, 2002.*

Robert de Roquebrune

L'Assomption 1889 — Cowansville 1978

Publié à cinquante exemplaires en 1916, couverture illustrée par le peintre Ozias Leduc, son *Éloge de la vie*, tout premier recueil en vers libre qu'il soit, passe quasi inaperçu. D'ailleurs, Robert de Roquebrune se présentait uniquement comme romancier, mémorialiste et essayiste, escamotant tout autant ses autres poèmes en prose, tels ceux publiés dans ce lieu de la modernité en 1918 que fut *Le Nigog* dont il était un des fondateurs. Pourtant, quelle écriture novatrice, chatoyante, intimiste! Né au Manoir seigneurial de l'Assomption, il est issu des familles de l'ancienne aristocratie canadienne. Après des études au Mont-Saint-Louis, il part à Paris étudier au Collège de France et à la Sorbonne. De retour en 1912, il s'installe à Belœil pour repartir, en 1919, travailler aux Archives de Paris, revient au Québec durant la Seconde Guerre, puis retour en France. À sa retraite, il s'installe dans la région de Saint-Jean-d'Iberville. Les Herbes Rouges viennent de ressortir de l'ombre sa poésie.

Une ville

Montréal c'est une ville qui est là derrière le fleuve, la ville qui est là derrière la brume.
  Sous les fumées qui sont au-dessus de ses maisons et de ses églises, des routes noires et grises,
  elle est une île. Et elle est, dans l'eau du fleuve immense, comme un navire avec, au-dessus,
  des fumées.

Les rues sont hautes entre les maisons et l'on y marche comme quelqu'un qui serait tombé
  dans un précipice, dans une gorge ou dans un défilé; les rues sont hautes car ce sont des rues
  d'Amérique du Nord et la foule les remplit et s'y meut comme l'eau dans les fjords et
  dans les canaux.

Dans ces rues on voit des banques, des magasins, des lupanars et des églises. On vend de tout et
  beaucoup : de l'or et de l'argent, des denrées qui viennent d'Europe, du plaisir et
  des maladies et le paradis à la fin de vos jours.

Mais, là-haut, au bout des rues, la montagne se dresse comme une joie subite et que l'on
  n'attendait pas. Elle serre ses arbres comme des doigts autour du cimetière municipal et
  les morts sont là-haut moins loin du ciel. Les vivants, eux, sont en bas, dans les rues.

Le fleuve tourne autour de cela ses eaux rapides, où la ville est prise comme un grand navire
  à l'ancre, et qui attend le départ avec, au-dessus de lui, des fumées noires et grises.

L'hiver, la ville, sous le ciel bleu, est dans la neige qui est bleue aussi. Le fleuve coule sous
  la glace et va remplir la mer de Terre-Neuve. Mais la ville dresse ses cheminées comme
  des tours dans l'air froid et la neige durcie brille au soleil sur les toits des immeubles.
  Et tout autour c'est la prairie sans fin où le blé de la moitié du monde poussera et nourrira
  la moitié de l'Univers, tout autour c'est le blanc Canada, la colonie féconde d'où,
  après l'hiver, le blé descendra le fleuve dans les navires, vers Terre-Neuve. [34]

Blanche Lamontagne-Beauregard

Les Escoumins 1889 — Montréal 1958

Avec la parution de *Visions gaspésiennes* en 1913, Blanche Lamontagne-Beauregard est la première Québécoise à embrasser une carrière littéraire et la seconde, après Léonise Valois, à publier un recueil de poésie. Elle signe six autres recueils de poésie, des romans, des nouvelles, de multiples collaborations rémunérées à des périodiques surtout féminins. Toute gaspésienne qu'elle se réclame, sa poésie est celle du terroir, son monde, celui de l'habitant. Ses rimes banales, ses images prosaïques, sa versification laborieuse et naïve ont quelque chose de suranné. Née aux Escoumins, sur la Côte-Nord, la Gaspésie, où s'installe sa famille, est le pays de sa jeunesse. Venue à Montréal étudier la littérature en 1920, elle ne quittera plus le Plateau Mont-Royal, habitant, sur la rue Napoléon, le logement sous celui qu'occupe Paul-Émile Borduas et où se réunissent les Automatistes, à l'époque du manifeste *Refus Global*, sans qu'elle n'en sache rien. Une anthologie de ses poèmes et autres textes est paru chez Guérin.

Envolée

Nous irons parfois, quand la brise
Ridera le flot hasardeux,
Sur la mer langoureuse et grise,
Nous irons naviguer tous deux.

Vers le lointain si bleu, si large,
Nous filerons par les beaux jours,
Nous apprêterons pour le large
La nacelle de nos amours.

Son beaupré sera fait d'aurore
Sa coque faite de soleil,
Et ses mâts faits des rocs que dore
Le couchant brillant et vermeil.

Nous taillerons voile et misaine
Dans l'or d'un matin parfumé,
Et nous aurons pour capitaine
Notre rêve, ô mon bien-aimé!

Notre rêve, notre beau rêve,
Oiseau de lumière et de feu,
Qui va, qui monte, qui s'élève,
Et veut se rapprocher de Dieu...

Nos mousses seront les étoiles :
Et les feux-follets gais et vifs
Viendront souiller dedans nos voiles,
Et nous guider dans les récifs...

Les majestueuses sirènes,
– Beaux corps secoués de frissons –
Par les nuits douces et sereines
Nous charmeront de leurs chansons.

Cherchant les beautés éternelles,
Et loin de tout rivage humain,
Nous voguerons, et nos prunelles
Ne verront plus aucun chemin.

Que nous importera la terre?
Surtout que nous importera
La vie humaine et son mystère,
Puisque l'amour nous suffira?...

Et de notre amour, bien suprême,
Tout l'univers sera jaloux :
Nos lèvres rediront : je t'aime!
Les vagues diront : Aimons-nous!

Pour charmer notre âme farouche,
Rien ne vaudra nos entretiens.
Tes tendres baisers sur ma bouche,
Et mes regards au fond des tiens;

Et je ne veux pour toute ivresse,
Pour toute lumière en mes cieux,
Que la flamme de ta tendresse
Et que l'étoile de tes yeux!... 35

Paul Morin

Montréal 1889 — Montréal 1963

Ouvrier de la forme, dédaigneux du «terroirisme»,
Paul Morin personnifie à lui seul ce mouvement
artistique de «L'art pour l'art» avec préciosité, beaucoup
d'ironie, une virtuosité dans ses vers, une langue savante
autant que musicale, une amplitude de connaissances
encyclopédiques, historiques, géographiques, artistiques,
littéraires. Né à Montréal, il fait ses études au
Collège Sainte-Marie, son droit à l'Université Laval de Montréal et est admis au barreau
en 1910. Il poursuit des études en littérature comparée à la Sorbonne de Paris; sa thèse
porte sur Longfellow; plus tard, il produit une nouvelle traduction de l'*Évangéline*.
La parution, en 1911, du *Paon d'émail* chez Alphonse Lemerre à Paris, lui procure la
célébrité; revenu à Montréal, il enseigne d'abord à McGill, puis aux États-Unis durant
deux ans. De retour à Montréal, il partage son temps entre la traduction, un travail
d'interprète à la cour et des émissions de radio. Deux autres recueils paraîtront, mais
après la destruction de tous ses biens, de toutes ses archives, dans un incendie en 1957,
il sombre dans une pauvreté et une solitude proches du désespoir, balancé d'une maison
de chambres à l'autre jusqu'à sa mort à ville Saint-Laurent. L'édition critique de sa poésie
est publiée dans la Bibliothèque du Nouveau Monde.

Mais si, d'un grand frisson...

Mais si, d'un grand frisson farouche et triomphal,
Mon corps tout entier tremble à la seule pcnsée
De tes lourds cheveux d'or, de ton corps enfantin;
Si j'aspire, étourdi d'une angoisse divine,
Le parfum de ta main qui persiste en ma main
Et l'odeur de la fleur qui toucha ta poitrine;
Malgré l'âpre labeur, l'exil, et le chagrin,
Si chaque heure est pour moi radieuse et subtile;
Si je vais, orgueilleux parmi la foule hostile,
Plus heureux, plus léger, plus fier qu'un dieu païen...
C'est que je sais qu'un jour, prochain et merveilleux,
— En mourrai-je? — je sentirai, tendre et docile,
Ton jeune corps frémir dans mes bras amoureux. 36

Jazz

Le poème du soir n'a plus que son beau titre…
Viens, Bien-Aimée, au temple – idoine à nos moyens –
Où nous verrons, au son d'accords hawaïens,
L'ingénue en maillot conquise par le pitre.

Ou préférerais-tu (si ton cœur récalcitre
Au fumet sauvagin de nos concitoyens)
Le dancing, où l'émoi de branles mitoyens
Anesthésie aimablement le libre arbitre?

Goûte ce privilège et ce choix de plaisirs,
Et plaignons les aïeux qui perdaient leurs loisirs
À lire, sous la lampe, au sein de la famille;

Tandis que nous, enfants choyés par le destin,
Pouvons nous disloquer et cervelle et cheville
En sacrifiant au dieu Jazz – jusqu'au matin. [37]

JEAN NARRACHE

J'parl' pour parler

ILLUSTRATIONS DE SIMONE AUBRY

ÉDITIONS
BERNARD VALIQUETTE
4371, RUE SAINT-ANDRÉ

LES ÉDITIONS DE
L'ACTION CANADIENNE-FRANÇAISE
1206 EST, RUE CRAIG

Page couverture de J'parl' pour parler *de Jean Narrache, illustrations de Simone Aubry, Montréal, Éditions Bernard Valiquette, 1939.*

Jean Narrache

Saint-Vincent-de-Paul 1893 — Montréal 1970

Du temps qu'Émile Coderre participe aux activités de l'École littéraire de Montréal, il pratique l'alexandrin et les formes classiques. *Signes sur le sable,* paru en 1922, en est l'illustration. Il se tourne bientôt vers une poésie populaire, dialectale qui tient du monologue, de la farce, avec une ironie caustique qui est une critique sociale décapante. Grâce à la radio et au disque, son pseudonyme, Jean Narrache, fait tant qu'il éclipse son nom pour devenir un personnage mythique, légendaire. Né à Saint-Vincent-de-Paul, il passe par le Séminaire de Nicolet, puis étudie à l'École de pharmacie de l'Université de Montréal, où il obtient une licence en 1919; il pratique sur le Plateau Mont-Royal. Richard Foisy a publié une anthologie et une biographie de Coderre.

Soir d'hiver dans la rue Ste-Catherine

À soir, sur la rue St'-Cath'rine,
Tout l'mond' patauge et puis s'débat
En s'bousculant d'vant les vitrines,
Les pieds dans d'la neig' chocolat.

Eh oui! la neig' blanch' en belle ouate
Comm' nos beaux rêv's puis nos espoirs,
Comm' c'est pas long qu'ell' r'tourn' en bouète
Un' fois qu'elle a touché l'trottoir!

La foule, ell', c'est comme un' marée
Qui moutonne en se j'tant partout
Comme un troupeau d'bêt's épeurées
Que tout l'tapage a rendu fou.

Pourtant, ça l'air d'êtr' gai en ville.
Mêm' la plaint' des plus malchanceux
S'perd dans l'train des automobiles
Et d'z'autobus pleins comm' des œufs.

Y'a du vieux mond', y'a des jeunesses;
Ça march', ça r'gard', ça jâs', ça rit.
Ç'a ben l'air que tout's les tristesses
Dorm'nt dans les cœurs endoloris.

Y'a ben des jeun's coupl's qui s'promènent,
Bras d'ssus, bras d'ssous, d'un air heureux,
Puis des vieux, tout seuls, l'âme en peine,
Qui march'nt pour pas rentrer chez eux.

Les lamp's électriqu's jaun' verdâtre
Meur'nt puis s'rallum'nt en s'couraîllant
Tout l'tour des d'vantur's des théâtres,
Qui montr'nt des films ben attrayants.

Ah! les p'tit's vues, quel curieux monde!
Les beaux films d'richesse et d'amour,
Ça fait oublier, un' seconde,
Notr' pauvr' vie plat' de tous les jours.

On s'croit heureux, on s'croit prospère
Tandis qu'on est au cinéma.
Y'a-t-il pas jusqu'aux millionnaires
Qu'oublient leurs ulcèr's d'estomac?…

Des bureaux annonc'nt qu'ils financent
Les pauvres gueux qui veul'nt d'l'argent;
C'est d'z'usuriers qu'ont un' licence
Pour étriper les pauvres gens.

Des crèv' faim rentr'nt dans des mangeoires
S'emplir d'hot-dogs ou d'spaghetti
Et d'café plein d'chicorée noire;
Au moins ça leur tromp' l'appétit.

D'autr's qui sont un peu plus à l'aise
Vont entendr', dans des boît's de nuit,
Brâiller des chansonnett's françaises
En buvant du whiskey réduit.

La chanteuse est dépoîtrâillée,
Ses couplets sont pas mal salauds,
Mais ça fait passer un' veillée
Sans penser aux troubl's du bureau.

D'autr's qui veul'nt se bourrer la panse
Rentr'nt dans des gargott's à grands prix
Pour manger d'la cuisin' de France
Et boir' du vin comme à Paris.

Ah! leur Fameus' cuisin' française
Qu'est cuit' par des chefs italiens,
Puis qu'est servie par des Anglaises
Dans des restaurants d'Syriens!

Puis l'vin qui boiv'nt, c'est d'la piquette
Baptisée par la Commission;
C'est du vrai vinaigr' de toilette
Bon pour donner d'z'indigestions...

D'autr's vont chez les apothicaires
S'ach'ter des r'mèd's ou d'la lotion;
D'autr's qu'ont pas l'estomac d'équerre
Rentr'nt fair' remplir leurs prescriptions.

D'autr's long'nt la rue, pleins d'idées noires,
Les yeux dans l'vide et puis l'dos rond...
D'autr's rentr'nt dans les tavern's pour boire :
Ils sont tannés d'vivr', ils s'soûl'ront.

Un' tavern', c'est si confortable!
C'est du grand luxe au prix d'chez eux.
Joues dans les mains, coud's sur la table,
Ils r'gard'nt la broue d'leur verr' graisseux.

Puis, tranquill'ment ils tett'nt leur bière...
– Ils grimaç'nt, ça goût' l'arcanson! –
Tout en oubliant leur misère,
Leur femm', leurs p'tits à la maison.

Ici, ils sont loin d'leur marmâille;
Y'voient pas leur femm' n'arracher;
Y'entend'nt pas l'p'tit dernier qui brâille
Ni les autr's qui veul'nt pas s'coucher...

... Mais un coupl' qu'un beau rêve entête
Pens' à s'monter un «p'tit chez eux»;
Ils r'gard'nt les bers et les couchettes
Dans un' vitrine... ils sont heureux!

Ils sont heureux, la vie est belle!
Ils s'voient déjà dans leur maison,
Ell' tout' pour lui, lui tout pour elle :
Les v'là déjà en pâmoison!

Ils sont heureux!... Ça vaut la peine
D'arrêter d'marcher pour les voir.
Ils sont heureux dans la rue pleine
De gens qu'ont l'air au désespoir!

Ça, ça me r'fait aimer la vie
Qu'est si chienn' pour les vieux pourtant,
Vu qu'ça m'rappell' la bell' magie
De s'aimer quand on a vingt ans. [38]

Jean-Aubert Loranger

Montréal 1896 — Montréal 1942

Voici un délinquant littéraire, celui par qui le scandale arrive ! Non seulement Jean-Aubert Loranger a-t-il professé un dédain pour les classiques et mystifié avec des contes scatologiques antiterroirs avant d'opérer un retournement, mais un goût pour la modernité, la recherche d'un ailleurs lointain, l'amène à se faire promoteur du vers libre sans ponctuation, à s'ouvrir sur l'Orient ; il compose des outas, verse dans le haïku. Né à Montréal, orphelin de père dès l'âge de quatre ans, il est, par sa mère, apparenté à de grandes familles canadiennes-françaises. Élevé par un précepteur, son éducation le situe en marge des voies traditionnelles. Son cousin, Robert de Roquebrune, lui fait connaître la littérature d'avant-garde et lui ouvre les pages de la revue *Le Nigog*, le lieu de toutes les révolutions esthétiques en 1918. Membre de l'École littéraire de Montréal, il y est vertement raillé, voire condamné. Il publie deux recueils : *Les Atmosphères* en 1920, *Poèmes* en 1922, avant une carrière dans l'information et une pirouette dans le conte du terroir, réédité chez Fides. Les Herbes Rouges ont réédité sa poésie.

Les hommes qui passent

Les hommes qui passent emportent la rue avec eux. Chacun, qui la porte, la pense dans
    une pensée différente, comme il y marche où il veut.

La foule fait dans la rue un dessin obscur de taches mouvantes.

La rue distraite se disperse et s'éparpille dans chaque mouvement de chaque homme.

Une troupe de soldats entre soudain dans la rue, et le tambour noue le rythme uniforme
    des hommes qui le suivent.

Le tambour avance et grandit, et ses ronrons grignotent petit à petit tous les bruits de la rue.

Le tambour devient toute la rue, les hommes qui passent l'écoutent et l'entendent de leurs jambes
    qui marquent la syncope en saccades.

La rue se concentre et se retrouve, la rue marque le pas du tambour, elle s'accorde et se pénètre.

Les hommes qui passent ont tous le même pas, et remettent, à grands coups de pieds sur le pavé,
    la pensée qu'ils avaient de la rue.

Le tambour est toute la rue.

La rue existe. [39]

Images géographiques Montréal

Au milieu de l'île,
La montagne bombe
Comme un gros moyeu
Où les rues s'emboîtent.

Caché dans un pli de la montagne,
Pareil à une arrière-pensée
De la joie des parcs aériens :
Le cimetière municipal.

Le cimetière est au faîte
Une force centripète,
Et la raison, qu'ont les rues,
D'aller toutes à la montagne.

La ville est sur le fleuve St-Laurent,
Comme une roue hydraulique en arrêt
Que l'eau s'efforce de faire tourner.

Montréal est à jamais fixé
Dans le fleuve, en face de Longueuil,
Par ses grandes cheminées d'usines
Plantées partout comme de gros clous. [40]

Medjé Vézina

Montréal 1896 — Montréal 1981

Toute classique qu'elle soit, la poésie de Medjé Vézina
apporte la volupté, la fièvre amoureuse, un lyrisme
inédit qui place cette poète parmi les voix féminines
les plus novatrices de l'époque. Née à Montréal, elle
fait des études au Couvent de Lachine, puis l'Académie
de musique de Québec lui ouvre une carrière de grande
musicienne; elle choisit le fonctionnariat et assume la
codirection d'une revue publiée par le ministère de l'Agriculture du Québec pendant
vingt-cinq ans. Son unique recueil, *Chaque heure a son visage* (1934), marque un triomphe
du cœur sur la raison et fait éclater la pudeur traditionnelle de notre poésie.

Regretter est un blasphème

Je te bénis, ô toi qui m'es venu si beau,
Brisant entre les doigts de l'amour ma misère,
Ainsi que s'affale un bougement de flambeau
Quand le soleil brandit sa torche incendiaire.
Comme un dieu qui domine et commande au destin,
Tu es venu vers moi; je sentis ma tendresse
Brusquement s'éveiller à l'éclat d'un matin
D'où rutilait déjà la moisson des promesses.
Je portais des chagrins à mes tempes rivés,
Comme un masque trop lourd attaché par deux brides;
Mais toi, tu n'as pas craint mes songes aggravés,
Où s'effarait d'espoir mon être, encor avide
De n'avoir pas compris ce qu'est le mot : toujours.
Je te bénis de m'avoir faite en ta prunelle
Belle comme un été que le pollen des jours
Dans une averse d'or féconde et renouvelle.
Un délire vêtit mon corps fragile et nu
De tout l'amour qui me laissait inassouvie,
Nu de tous tes baisers que je n'avais pas connus,
Ô toi, qui t'approchais en apportant la Vie.
Ah, sois béni d'avoir ébloui de beauté
Ma destinée, ainsi qu'un firmament de lune
Met de l'extase aux bras des jardins aoûtés.
J'ai souffert d'être heureuse en ces nuits dont chacune
Incendiait ma chair de ton fougueux désir,
Je te bénis d'avoir aimé dans mon étreinte

Tous les enlacements où gémit le plaisir,
Voix d'une humanité plus chaude qu'une plainte.
Dans un remous d'azur mon cœur qui haletait
Écouta sur le tien battre le pouls des heures.
Je vis se profiler le visage parfait
Du bonheur dont les traits, souvent rêvés, nous leurrent.
Et quand l'aube venait infiltrer sa lueur,
Écartant le sommeil qui nouait nos épaules,
Je suppliais les dieux, le sol, l'oiseau, la fleur,
De rendre aussi diffus qu'un feuillage de saule
Tous les parfums du jour que la brise confond.
Pour toi, j'ai dénié jusqu'au remords de l'âme
Qui pour prier n'a su que murmurer ton nom.
S'il me faut expier l'ivresse qu'on réclame,
Je ne trouverais pas dans mes yeux enchantés
Un pleur assez amer et riche d'épouvante
Pour rançonner hélas, le prix des voluptés.
Je sais des soirs mauvais, noirs de l'adieu qui hante;
Je te pardonnerais, dusses-tu me trahir!
Je t'habite à jamais et je reste ta proie,
Car tu mis dans mon sang des rafales de joie
Dont la mort seulement pourra me démunir! ₄₁

Sur les bords de la Wawagossik,
le Caribou
Roi du grand Nord
a déclaré qu'il avait regardé la
Télévision, et qu'il serait urgent
de civiliser l'homme.

Félix-Antoine Savard ptre

« Sur les bords de la Wawagossick », manuscrit de Félix-Antoine Savard
sur papier incrusté la papeterie artisanale de Saint-Gilles.

Félix-Antoine Savard

Québec 1896 — Saint-Joseph-de-la-Rive 1982

Marche vers la beauté, chant de la nature avec ses signes et ses symboles, mer, fleuve, montagne, la poésie de Félix-Antoine Savard, plutôt mièvre et déclamatoire, s'apparente à la contemplation, à la prière. S'il est l'un des écrivains les plus prestigieux du Québec, il le doit à un roman, proche du long poème en prose, « Menaud, maître draveur ». Né à Québec, fixé très tôt à Chicoutimi, après l'École des frères maristes puis le Grand Séminaire, il est ordonné prêtre en 1922, exerce son ministère dans Charlevoix, puis est professeur de littérature à l'Université Laval. Retraité, il s'éteint à Saint-Joseph-de-la-Rive où il a créé la papeterie artisanale de Saint-Gilles. *Le Bouscueil* (1972) et *Aux marges du silence* (1975) rassemblent toute sa poésie.

Petit tremble...

Petit tremble qui trembles
au seul bruit de ton nom,
au seul toucher de la lumière,
petit arbre à frissons,
je sais quelqu'un qui te ressemble
comme un frère. 42

Octobre

Octobre. Il pleut, pluviote, pluviasse, pluvine.

Toutes les feuilles gisent au pied de l'arbre isolé.
Les poèmes de l'été!

Et les vents barbares jouent avec ces textes du soleil et du temps.
Toute cette beauté devenue vaine chose frivole « dans le vent frivolant ».

L'homme baisse la tête et regarde. [43]

Jovette-Alice Bernier

Saint-Fabien 1900 — 1981

Fonceuse, passionnée, fantasque, féministe, romantique, amère et solitaire, tout au long de ses cinq recueils écrient entre 1924 et 1945, toute hugolienne à ses débuts, Jovette-Alice Bernier adopte la forme du vers libre et manie le symbole; intimiste, vraie et dépouillée, elle verse peu à peu dans la religion, les extases et les repentirs. Née à Saint-Fabien, elle fait ses études chez les Ursulines de Rimouski. Elle débute dans l'enseignement, mais, à partir de 1923, accomplit une longue carrière dans le journalisme, d'abord à Québec, puis à Sherbrooke et Montréal. Elle écrit deux romans et, pour la radio et la télévision, des œuvres marquantes à grand succès.

Esquisse bleue

La salle en ses décors était vénitienne,
Et le mol clair de lune, imité des flambeaux,
Infusait en rayons dans les tons les plus chauds,
Le désir d'une vie amoureusement sienne.

Le cliquetis grisé des coupes qu'on vidait
Se répandait sans fin dans les parois vivantes,
En ondes, se mêlant aux voix basses et les lentes,
Où l'aveu confessé, dans les yeux se lisait.

La svelte cigarette, aux lèvres provocantes
Fumait capricieuses, en lointaines langueurs :
Les volutes montaient en multiples odeurs
Sur les doigts indolents dans leurs poses savantes.

Puis l'orchestre vibrait en sourdine d'abord
Pour devenir puissant jusques à la magie :
Et tandis que brûlaient seulettes les bougies,
Les couples tournoyaient et tournoyaient encor.

Près des droits tuxedos, aux sérieuses lignes,
Contrastaient tout légers les tulles vaporeux,
Où l'Art, discrètement, sous un pli clair se signe.

Et ces décors, et ces clartés, ces bruits confus,
Passent dans mon cerveau en vagues nonchalantes.
Au souvenir rythmé des musiques dolentes,
J'écris ces vers douteux avec mes sens émus. [44]

Portrait d'homme immobile

Si je vais, si je viens sans but, si je souris
En passant près de vous, portrait d'homme immobile,
Si je porte, ce soir, cette robe à longs plis,
Blanche et gracile,
À l'heure où tout devrait dormir, même l'espoir,
Ne vous étonnez pas si cela qui s'emmêle
Vous rappelle un serment, une femme, un soir.
C'est la dérision des amours éternelles
Et de l'humain vouloir.
Je ne vous attends plus, une autre voix m'appelle :
Il est si tard ami, que nul ne peut venir
Hormis le Souvenir.
Depuis qu'il vous ressemble il a pris votre place.
Il parle comme vous, il m'étreint, il m'enlace
Comme vous.
Et cette nuit, s'il est si tendre à mes genoux,
Et si j'ai retrouvé cette coquetterie
Que vous aimiez jadis, quand vous étiez jaloux,
Ne vous étonnez pas de cette raillerie.
Mais quoi que vous pensiez, portrait d'homme immobile
Pour qui je ne suis rien,
Et quoi que vous fassiez pour que j'oublie

Cette folie,
Cette obstination de vous aimer encor,
De croire qu'il peut naître en vos yeux un remords,
Tout est vain.
Chaque fois que je mets cette robe fragile,
Le Souvenir m'apporte un bouquet de jasmin,
Votre cœur, la lune et vos mains. ₄₅

Mai 1944

*A Roland et Frankie,
ces "Îles" sans réjouissan-
ce, avec mes hommages
amicaux.
Alain Grandbois.*

LES ÎLES DE LA NUIT

Dédicace d'Alain Grandbois, dans Les Îles de la nuit,
dessins d'Alfred Pellan, Parizeau Éditeur, 1944.

Alain Grandbois

Saint-Casimir-de-Portneuf 1900 — Québec 1975

Aventurier à la vie trépidante, il parcour la planète.
Aussi, nul ne s'étonnera que ce soit lui qui pousse la
poésie sur les voies surréalistes, le songe, la méditation
de l'infini vertigineux, l'absolu, l'abîme, la mort. Son
écriture, essentiellement lyrique, ouvre sur l'universel.
Ses vers libres, sans ponctuation, riches d'images, de
rythmes savants, ont révolutionné notre vision poétique.

Né à Saint-Casimir-de-Portneuf, de santé fragile, une propension à l'école buissonnière
le contraint à étudier dans de multiples institutions, dont le Petit Séminaire de Québec
où il fait son cours classique jusqu'en réthorique, avec une pause pour un voyage à travers
l'Amérique du Nord. Après un premier séjour en Europe, il revient à Québec faire son
droit; admis au barreau en 1925, il ne pratiquera jamais, d'autant plus qu'il vient d'avoir
un important héritage qui va lui permettre de parcourir le monde jusqu'en 1939. En 1934,
il est en Chine où il publie son recueil mythique, *Poèmes d'Hankéou*, mais c'est *Né à Québec*,
paru l'année précédente et consacré au grand explorateur Louis Joliette, qui le rend célèbre.
Ruiné, il rentre au Québec à la veille de la guerre; partagé entre Montréal et Québec,
il vit alors une intense activité littéraire. Illustrées par Alfred Pellan, la parution, en 1944,
des *Îles de la nuit* est déterminante dans l'histoire de notre poésie; deux autres recueils
suivront. Il devient la figure emblématique de la poésie moderne; le groupe des poètes de
l'Hexagone le porte aux nues et publie sa rétrospective en 1963. Partagé entre des émissions
de radio, des conférences, des tâches de fonctionnaire, il diversifie son écriture. Adulé,
honoré, récompensé, retraité à Québec, il y meurt en 1975. L'édition critique de toute
son œuvre est publiée dans la prestigieuse Bibliothèque du Nouveau Monde; cependant,
les *Lettres à Lucienne* (1987) restent la référence pour le poème « Je veux t'écrire un poème
du cœur », dont l'édition critique donne un brouillon décevant.

Je veux t'écrire un poème du cœur

Lucienne,
doux doux pigeon

Je veux t'écrire ce soir un poème du cœur
Je suis fatigué de la logique et des constructions
J'écris vite comme je pense et sans ordre aucun
étant las de presser les mots comme la meule de blé
voulant te donner les mots avec la terre et l'écorce
ceux qui craignent la nuque grasse du meunier
et ceux de la semaine rougissant de sortir le dimanche

Tu les garderas tous pour toi seule sans traduction
peut-être ne signifient-ils pas grand'chose
mais c'est reposant d'écrire un poème avec les mots du cœur
ce qu'ils n'expriment pas tu le comprendras
comme si tu étais dans mes bras ta tête sous mon menton tes yeux fermés
et le ventre et les cuisses et les genoux et tout le corps
éteint sous la belle fatigue d'avoir trop fait l'amour

Car c'est un poème du cœur avec des mots du lundi au samedi
les uns sont trop nus ou trop habillés les autres comme un troupeau de moutons difficile
de distinguer celui-ci de celui-là
mais fermant les yeux on avale tout le troupeau
les plus mauvais même faisant le sang rouge

Anthologie

Il faut seulement fermer les yeux sans orgueil
alors les paupières closes voyant la montagne
dans une région fermée aux géographies
Voyant la montagne et le plateau dessus
avec le plateau peut-être une mare sous des saules
peut-être un bois avec des arbres d'automne
peut-être un chien qui aboie
peut-être dans les lointains des brumes légères et bleues
comme dans les tableaux florentins
peut-être le silence quand se lèvent les paumes de la nuit
peut-être tout ou rien de cela il n'importe
Tu as vu la montagne ça suffit
avec au bout du plateau la maison

C'est pour cela seul que je t'écris un poème du cœur
moi ce soir ici avec la mer tout autour
et l'ombre de la mer et du ciel et l'ombre de ma main sur ce papier
l'huile brûlant doucement sous le globe de la lampe
et moi te portant doucement
peut-être gênes-tu parfois ma respiration
c'est pourquoi je lève un peu la tête pour respirer

La maison du plateau tu la vois
avec tes beaux yeux tristes de certains soirs
elle a la couleur du sol originel
des pierres non cimentées

les pierres de vraies maisons n'étant pas hostiles
s'appuyant l'une sur l'autre avec des mains d'amitié
la maison s'élève comme l'humble croissance de la terre
le toit n'atteignant pas la branche basse, des grands arbres
sans étage mais une pièce unique
contenant le feu pour la nuit et le four pour le jour
c'est la maison du cœur au bout du plateau
que reste-t-il à t'expliquer portant tes yeux dans mes yeux
mais soulevant parfois mes épaules pour respirer
nous sommes un c'est l'essentiel

La maison du vrai cœur n'a qu'une porte pour entrée
la porte est ouverte sans battant
ouverte que pour entrer sans défense et sans retour
doux pigeon doux inutile de vouloir sortir
une forteresse est moins forte qu'une porte ouverte sans battant
personne ne s'en est jamais douté cependant
il se peut aussi que les saules promènent
des reflets mauves sur l'étang
ou que la forêt balance la tête rouge des chênes
ou que le chien jappe à la lune
ou que la brume se change en fantôme d'or
ou que la plus jeune étoile trouble le silence de la nuit
qu'importe tu as vu la vraie porte du cœur

Clos tes yeux tristes aussi pour la fenêtre
par là tomberont toutes les nuits douces
par là les jours clairs et les matins frais
par là l'automne et l'été et l'hiver et le printemps
– que tourne la roue des saisons! –
parfois nous deux seuls à la fenêtre
suivant un petit nuage blanc sans presque bouger
suivant un vol d'oiseau avec le lent mouvement du cou
suivant le feu rose de la plus vieille étoile
les doigts joints les épaules collées
alors on veut croire que Dieu existe

Tu vois les yeux clos la fenêtre du cœur
un jeune arbre est tout contre frêle et jeune
on peut compter ses feuilles le soleil passe à travers
on voit dans le vert tendre les veines brunes comme des pattes d'oiseau
les soirs de tempête il s'abat aux carreaux gémissant
le matin il s'égoutte comme une fleur
le soleil lui fait mal ou va l'embrasser
Par la fenêtre on sort puis on rentre par la porte
c'est le cercle magique du cœur
c'est important ce n'est pas tout
Mes yeux dans tes yeux tu as vu la montagne et
le reste et ce cercle et nous deux dans le cercle du cœur attends

Clos encore tes yeux parce qu'il faut voir encore

dans la plus grande ombre de la pièce le seul vrai lit secret du cœur

avec tes bras et mes bras et tes jambes et mes jambes

et tes mains descendant le long de ma poitrine

et mes mains montant le long de tes genoux

Clos tes yeux pour nos doigts pleurant de joie

sur nos ventres attentifs et doux

pour nos mains charnelles guettant le premier frisson

ah bientôt toi fontaine ouverte et moi

fiévreux emportement

Clos tes yeux mon amour clos tes yeux pour mieux voir

ce cœur éternel en délire que le silence soit parfait

nous sommes seuls vivant dans un monde endormi

et voici le moment où ta chair vivra par ma chair

et nous voici roulant sur la plus belle houle de la mer

nous voici roulant aux surfaces et profondeurs

et nous voici plongeant jusqu'aux racines du sang

Et nous voici les yeux durs comme des pierres criant mille cris muets

Roulons roulons toutes les houles de la chair

brûlons brûlons jusqu'aux os ce splendide incendie

plongeons plongeons jusqu'aux ténèbres du cœur

Et clos tes yeux plus encore mon amour

clos tes yeux comme des portes de fer

pour mieux voir le fond du vrai cœur

où tremble cet amour sombre et sacré

Alain. ₄₆

Avec ta robe

Avec ta robe sur le rocher comme une aile blanche
Des gouttes au creux de ta main comme une blessure fraîche
Et toi riant la tête renversée comme un enfant seul

Avec tes pieds faibles et nus sur la dure force du rocher
Et tes bras qui t'entourent d'éclairs nonchalants
Et ton genou rond comme l'île de mon enfance

Avec tes jeunes seins qu'un chant muet soulève pour une vaine allégresse
Et les courbes de ton corps plongeant toutes vers ton frêle secret

Et ce pur mystère que ton sang guette pour des nuits futures

Ô toi pareille à un rêve déjà perdu
Ô toi pareille à une fiancée déjà morte
Ô toi mortel instant de l'éternel fleuve

Laisse-moi seulement fermer mes yeux
Laisse-moi seulement poser les paumes de mes mains sur mes paupières
Laisse-moi ne plus te voir

Pour ne pas voir dans l'épaisseur des ombres
Lentement s'entr'ouvrir et tourner
Les lourdes portes de l'oubli ₄₇

Couverture et dédicace de Simone Routier dans Je te fiancerai,
Paris, Éditions de la Lyre et de la Croix, 1947

Simone Routier

Québec 1900 — Sainte-Anne-de-la-Pérade 1987

La poésie de Simone Routier illustre la transition du vers régulier au vers libre. Son premier recueil, *L'Immortel adolescent* (1928), est tout classique malgré ses airs symbolistes; en alexandrins baudelairiens alternés par des rythmes nouveaux, les *Tentations,* en 1934, appellent au voyage. Cette grande amoureuse a vu son fiancé tué durant la Seconde guerre mondiale; bouleversée, elle séjourne momentanément au couvent. Elle trouve dans un mysticisme ardent la force de renaître; ses deux derniers recueils empruntent les chemins du psaume, et des formes classiques, tout en méditation. Une poésie intimiste, discrète, passionnée et lucide à la fois. Née à Québec, après des études chez les Ursulines de Québec, à l'Université Laval, à Paris puis à Ottawa, elle oriente sa carrière en diplomatie pendant plus de trente ans. Elle prend sa retraite à Sainte-Anne-de-la-Pérade. Un choix de poèmes est paru aux Herbes Rouges.

Si mon scrupule...

Je pense à ces promenades rieuses dans les jardins pensifs et les matins soleilleux,
À ces flâneries dans la campagne, à ces poursuites, à ces haltes dans l'herbe assis tous deux,
Dans l'herbe assis comme au premier jour où nos yeux se sont croisés.
Je pense à ces bains de nature, sains et salés, à ces bains sablés et étourdissants de l'été.

Je pense à l'éblouissement intérieur des lectures où la pensée se grise à longs flots,
Aux silences pleins et juteux, irisés de regards et de demimots,
À ces heures de musique mordante et voluptueuse,
À ces houles câlines et sonores qui nous auraient bercés et terrassés ensemble.
Je pense à ces instants passionnés, candides, extravagants ou faciles,
À ces jeux où toujours tes bras auraient fini par être mon asile.

Je pense à ces midis ponctuels où la fleur gaie et le fruit charnu à table nous rassemblent,
À ces après-midi d'averse, de ciel bleu où le désir à peine tremble,
À ces heures cambrées ou consentantes, vécues dans tes gestes et ton atmosphère généreuse,
À tes retours le soir, à l'étreinte brusque de ton désir contenu,
À ma tête sanglotante sur tes genoux.

Je pense à ce sommeil sans heurt où le sang plus fluide et plus parfumé rit dans tous les membres,
À mes mains posées sur tes rêves, à ma curiosité penchée sur ton beau corps endormi.
Je pense au réveil matinal, aux joues chaudes et ombrées, aux bras frais, aux paupières
    transparentes, aux cheveux railleurs et aux mots balbutiants,
Au vol taquin des mouches, au rayon de soleil dans la chambre,
À l'enchantement coloré et pensif des jours, à l'ample sécurité de ta présence, à la profondeur
    moite des nuits,

À ces pleurs, à ces rires, à ces départs, à ces attentes, à ces chers et divins moments,
À tout ce qui fait la vie intense, simple, ivre et exaltante,
À ce qui soulève avec tant de grâce et de feu les poitrines adolescentes.

Je pense à ce qui eût été l'intelligence et la sensualité de notre bonheur si mon scrupule
n'avait tué notre amour naissant. [48]

.

Migration

Reprends ton manteau de solitude, ton baluchon d'abandon et ta route d'incertitude.

On dispose de la chambre : ramasse tes nippes de quatre saisons, tes bibelots de caprice et
      tes livres d'inquiétude.

Vide tiroirs et étagères, n'y laisse flotter à peine, que ton parfum de nostalgie, l'immédiat et
      insaisissable sillage de ta fausse présence.

Chausse tes sandales d'errances et repasse le seuil où tu posas en entrant le fardeau trop las
      de ta trop tenace espérance.

Ne dis pas aux enfants, à tes petits amis de la rue, que tu ne reviendras plus : laisse-les,
      encore un peu, t'attendre,

Laisse-toi imaginer encore le galop éperdu de leur course de franchise, le brusque arrêt sur toi
      de leurs têtes casse-cou et sur ta main leurs petites joues sales et tendres.

Réajuste à ton dos le ballot et reprends ta migration… d'escargot. Aujourd'hui, tels visages
      dont tu t'imposes l'apprentissage;

Demain ces étrangers qui cerneront à nouveau ton horizon et dont ta capricieuse image sera
      la fenêtre scintillante d'étoiles ou murée d'ingrats nuages.

Rien comme ces sortes de bonds, du gîte connu à l'autre, énigmatique et arrêté, ici ou là,
      au hasard,

Pour te souvenir combien anonyme et changeable tu es, toi aussi, à tous égards.

Et rien comme le bref instant où le pied gauche a quitté le seuil familier, sans que le droit
      ait encore heurté la marche qu'il faudra surveiller,

Pour éprouver au-dedans et autour de soi à quel point on est bien, en tout et de tout,
      détaché, déraciné et à jamais inadapté.

Seule l'étoile au-dessus de la maison, ici comme là, demeurera la même, la lampe du gîte vigilant
      et permanent qui t'attend,

De ce gîte où tu poseras enfin par terre et définitivement ton manteau d'incertitude, ton ballot d'inquiétude et tes paperasses de tourment.

On dispose de la chambre. Voilà qui sert à point l'inconstance qui n'osait. Remercie Dieu d'avoir des jambes et repars.
Continue de t'acheminer encore et toujours, espérante et priante, vers la chambre de solitude perchée, ici-bas, n'importe où, quelque part. [49]

À la coupole

Mets ton smoking.
Viens au dancing.
Il vente dans les voiles,
Un air d'accordéon
Te coulera du plomb
Au cœur et dans les moelles.

Dansons sous les miroirs.
Frôlons les beaux métèques.
Toi, dissèque les Grecques,
Cherche les cheveux noirs

Aux nuques platinées
Et laisse-moi penser
Comment pourrait danser
– À d'autres destinées –

Ces belles mains là-bas,
Cet homme seul à table.
Son œil impénétrable
Est couleur de lilas. ₅₀

Alfred DesRochers

Saint-Élie d'Orford 1901 — Montréal 1978

Toute classique par sa forme, la poésie âpre d'Alfred DesRochers porte la veine du terroir sur de nouvelles voies; le poète y exprime son hérédité de coureur des bois métissé d'Amérindiens. Ancré dans la nature québécoise, son verbe, précis, vigoureux, expressif, tâte du romantisme comme du Parnasse. Né à Saint-Élie d'Orford, en 1904, la famille est à Manseau où le père est contremaître de chantier forestier jusqu'en 1908, alors qu'elle revient à Saint-Élie; DesRochers accompagne souvent son père sur les chantiers, jusqu'à sa mort en 1913. La mère émigre brièvement aux États-Unis, pour revenir s'établir à Sherbrooke. Dès lors, DesRochers est obligé de travailler; de 1918 à 1921, il entreprend un cours classique qu'il abandonne. Il est correcteur d'épreuves à *La Tribune* de Sherbrooke puis chef de service jusqu'en 1942, alors qu'il quitte tout, s'enrôle dans les forces canadiennes et occupe des postes de traducteur et de secrétaire de la Fédération Libérale. Il est de retour à *La Tribune* entre 1946-1952, puis s'installe à Claire-Vallée chez Françoise Gaudet-Smet, pour revenir à Montréal, deux ans plus tard, travailler à la *Presse canadienne*. À la mort de sa femme, en 1964, il se retire à l'Hôtel du Vieux-Prince, à La Prairie. Les Petits Frères des pauvres l'accueillent à Montréal dans ses derniers jours. Son recueil paru en 1930, *À l'ombre de l'Orford*, fut et reste une bouffée d'air frais dans le paysage poétique. Son œuvre de rassembleur, d'animateur du mouvement littéraire des Cantons de l'Est, de critique et de mentor, en particulier pour Germaine Guèvremont, pour laquelle il incarne son *Survenant*, en fit en son temps un intellectuel d'avant-garde hors du commun. Une rétrospective de sa poésie est parue chez Fides; mais «Le choix de Clémence dans l'œuvre d'Alfred DesRochers» est incontournable et plus révélateur. Une édition critique d'*À l'ombre de l'Orford* est parue dans la Bibliothèque du Nouveau Monde.

Gazette rimée

Dans la grand'rink archi-pleine,
Où les relents d'éléphant
Et les becs d'acétylène
Ont rendu l'air étouffant,
La performance commence
Par un tintamarre immense.
Les cow-boys et leur bronchos
N'ayant rien qui m'intéresse,
Je vais humer l'allégresse
Qui fuse des side-shows.

Ô voir le lion humide
À cheval sur la moto
D'une blonde au peroxyde!
Acheter une photo
À la porte de ces tentes
Aux affiches si tentantes!
Courir sur le carrousel
(Sa boîte à musique usée
Grogne : «Monte en haut, Rosée!»)
Hanter Whip et Ferris-Wheel!

Voici les sujets des toiles
Aux mirobolants dessins!
Quelle pléiade d'étoiles :
L'hermaphrodite à trois seins,

Le dompteur de crocodiles
Dont saillissent les condiles,
L'homme électrique, et surtout,
Près de l'avaleur de sabre
Que célèbre un monsieur glabre :
L'épouse du roi bantou!

À temps forts l'orchestre nègre
Moud une houla-houla
Qui mêle au saxophone aigre,
Oukoulili, bamboula.
Dans sa tunique écarlate
Où sa pâleur noire éclate,
La reine, sur le tréteau,
Branle son ventre et ses hanches
Et fait osciller les planches
Dans un roulis de bateau!

Reine aux cadences rabiques
Qui te tords comme un drapeau,
Le soleil des Mozambiques
Brille au travers de ta peau!
Sous des rivages plus calmes
Qu'éventent les almes palmes,
Loin des pays emprosés

Où palabrent nos édiles,
Quelle semence d'idylles
Surgirait de tes baisers!

J'imagine, dans les brousses,
Ton enfance au temps passé,
Tes jeux, tes peines, tes frousses,
Suivant le temps qu'il faisait;
Puis ton voyage à la Côte,
Avec sa première faute :
Un marin s'accoude au bar
Pour siroter un madère…
C'est peut-être Baudelaire
Et tu pars pour Zanzibar!

Tu pleures tes vieilles cases…
Ton larynx mélodieux
Ne sait moduler de phrases
Que pour enchanter les dieux.
Les matelots te bousculent
Et les montagnes reculent
De ton cher pays natal…
Tu n'es – j'en ai mal à l'âme! –
Plus reine que pour réclame
Par un bonisseur brutal!

Jadis, dans une fontaine,
Tu passais tes beaux matins;
À danser l'hawaïenne,
L'eau te dégoutte aux tétins
Par cette après-midi jaune...
Attends, je te quiers un cône,
Fraise et vanille, voici!
Pourquoi cet éclat de rire?
Nasillant? Pourquoi me dire :
«Go to hell! Ain't you crazy?»

Ah! Noiraude aux yeux de singe
Rebussés d'un air moqueur,
Ton rire est la corde à linge
Où va s'essorer mon cœur!
Tu n'es reine ni génie :
Tu viens de la Virginie,
Tu parles yanki-patois!
C'est là le pire des crimes!
J'ai donc gaspillé mes rimes,
Ce n'est la première fois.

Car j'ai chanté pour des blanches
Qui n'avaient pas le talent
De se tortiller les hanches.
Aussi, je repars content,

Cependant que la musique
Triture un grand air classique
Sur un rythme de faubourg,
Que le timbalier se glisse
La mailloche sous la cuisse
Pour taper le gros tambour! [51]

Lune de miel

L'amour nous a donné des âmes si naïves
Que nous sommes heureux sans nous en étonner.
Nos jours filent, pareils à ceux d'un nouveau-né,
Ignorant les remords comme les invectives.

Parfois, dans le boudoir tranquille, tu m'arrives.
Comme je rêve sur un livre abandonné,
Et tous mes sens émus sentent que va sonner
L'instant où s'uniront nos épaules lascives.

Mais quand un brusque éclat de rire épanouit
Sa grâce sans motif sur ta lèvre, ébloui,
Oubliant aussitôt l'amour qui s'exacerbe,

Tout mon être tressaille et j'écoute en ma chair
Les appels que joyeux pousse vers le ciel clair
L'enfant futur jouant à la balle dans l'herbe.

Un faux-pas fait blêmir ta lèvre que tu mords.
Le fils que mon orgueil en secret déjà nomme
Et qui, de nos plaisirs présents, sera la somme,
Alourdit ta jeunesse et déforme ton corps. [52]

Pour mon ami Roger Paré,

François Hertel

FRANÇOIS HERTEL

LES VOIX
DE MON RÊVE

ÉDITIONS ALBERT LÉVESQUE
MONTRÉAL 1934

Page couverture et autographe de François Hertel dans Les voix de mon rêve,
Montréal, Éditions Albert Lévesque, 1934.

François Hertel

Rivière-Ouelle 1905 — Montréal 1985

En 1934, le premier recueil de Rodolphe Dubé est publié sous le pseudonyme qui le fait connaître : François Hertel. Tout à fait classique dans sa forme, momentanément portée au verset claudélien pour revenir sur ses pas, associant le lyrisme à des familiarités triviales, jouant au moraliste et au philosophe esthéticien, l'écriture de ses quelques trente-cinq œuvres publiées, dont onze recueils, emprunte tous les genres, toutes les métamorphoses pour aboutir à une sorte de nihilisme érotique. Né à Rivière-Ouelle, il fait ses études à Sainte-Anne-de-la-Pocatière et au Séminaire de Trois-Rivières. Il a vingt ans quand il entre chez les Jésuites; il est ordonné prêtre en 1939, défroqué en 1946. Il s'exile à Paris en 1949. Il rentre mourir à Montréal. Son influence sur la jeunesse, avant son départ pour la France, a été considérable. Son œuvre poétique n'a été que partiellement rassemblée en anthologie par ses soins en 1964.

Le plongeur

Grandis, ô corps, et saisis l'horizon!
Tu le possèdes en esprit déjà ce mirage
Qui se prolonge sous toi dans l'extase du saut.
De tes deux bras grands ouverts et de ta face au soleil levée,
Tu l'étreins ce monde physique dans les replis de ton ombrage.
Ce n'est qu'un instant fabuleux de possession;
Puis tu piques de la tête au fond des abîmes glauques.
Tu sors de là tout ruisselant,
Comme un matin de rosée.
Ou dans l'autre instant ce corps recourbé,
Se cherchant des mains les pieds
Et la tête enfouie,
Plonge au creux des silences mous,
Tel un canif entr'ouvert que l'on ferme.
Et se brandissent les pieds soudain descellés
Des mains, qui précéderont et pareront les coups de la surface lisse.
Cette orgueilleuse et souple détente; les pieds au ciel redressés
Et tout l'être coulant comme un clou dans le lac,
Les pieds fouettant l'air comme une queue souple
De centaure. Cette joie aussi de se sentir un animal puissant,
Une sorte de demi-dieu qui joue avec son propre corps,
Qui jongle avec lui, comme s'il était une balle,
Et qui a conscience d'être à l'intérieur de ce joujou
Dont il est le virtuose attentif et précis.
Présence de la pensée au cœur du javelot
Qui s'en va percer le cœur liquide des ondes. [53]

Au dortoir des petits

Je me souviens du grand dortoir,
Lugubre comme un cimetière,
Où dans leurs lits durs, chaque soir,
Les petits rêvaient à leurs mères.

Dans la pâle nuit sans voix
Des bruits légers battaient de l'aile.
Les sifflements sourds des suroîts
S'amenuisaient en villanelle.

Parfois des cris brisaient l'accord
Des respirations paisibles :
Les autos qui sonnaient du cor,
Heurtant les échos invisibles.

Parfois aussi de gros sanglots,
Brusques, déchiraient le silence;
Les pleurs brûlants coulaient à flots.
Pauvre petit, la vie commence!

... 54

Page couverture de La Course dans l'aurore *d'Éva Senécal, Sherbrooke, Éditions de la Tribune, 1929.*

Éva Senécal

La Patrie 1905 — Sherbrooke 1988

Œuvre de jeunesse, naïve, fraîche, tel est le premier recueil d'Éva Senécal paru en 1927; puis, en 1929, avec *La Course dans l'aurore*, l'écriture acquiert de la force, un lyrisme passionné, sincère, toute classique dans sa forme. Née à La Patrie (Compton), elle étudie à l'École normale de Saint-Hyacinthe. C'est alors qu'elle est correspondante pour le *Journal La Patrie*, entre 1920 et 1930, qu'elle s'adonne à la poésie; puis elle se tourne vers le roman durant son séjour à Montréal. Brièvement traductrice à Ottawa en 1936, elle retourne soigner son père l'année suivante, se marie et s'établit dans la campagne environnante de Sherbrooke, ce qui met fin à sa carrière littéraire. La Bibliothèque municipale de Sherbrooke porte son nom. Un choix de poèmes a été publié en 1987 et une biographie de Françoise Hamel-Beaudoin a paru chez Triptyque.

Invitation

Ô viens! m'a dit l'Espace au lumineux visage.
J'aurai, pour éblouir ton cœur endolori,
Le spectacle alterné d'un âpre paysage
Et, le prisme éclatant de mon jardin fleuri.
Viens! je t'emporterai sur la terre et sur l'onde,
Et mes beautés naîtront sous ton œil ébahi;
Tu te prosterneras devant ma voix profonde,
Comme autrefois Moïse au pied du Sinaï.
Viens! Tu contempleras les reliques des âges,
Et je t'inspirerai les motifs de tes chants;
Tes bras tendus me sont de séduisants présages,
Tu t'en iras, riante, en face des couchants.

En toi, j'éveillerai d'harmonieux délires,
Mon souffle donnera des frissons à ta voix.
Poète, dans le soir se marieront nos lyres,
Mes accents et ton cœur vibreront à la fois.
Le murmure assoupi qui monte des bruyères,
Et la langueur éparse au sentier de la nuit…
Mêleront à ta voix des notes de prière :
Ton âme deviendra l'âme de ce doux bruit…
Viens contempler l'azur, viens regarder la terre,
Dans son enchantement, sa rieuse beauté!
Sois une source vive où l'on se désaltère,
Un rayon de printemps, une fleur de l'été.

J'ouvrirai devant toi les portes de Science,
Ô palais merveilleux, sanctuaire béni;
Ardemment, tu vivras ton grand rêve d'enfance,
Étreignant ses beautés dans un geste infini.
J'effeuillerai pour toi les pages de l'histoire,
Tu te pencheras vers mes royaumes détruits,
Et tu voudras baiser la lumineuse Gloire,
Assise, éblouissante, au noir sentier des nuits.

Tu passeras charmée en ce palais des mondes,
Tu courras dans le vent qui porte les condors;
Viens! je t'emporterai dans mes nacelles blondes,
Sur des lacs fortunés, vers de somptueux bords...

Tu verras les pays où la fièvre brûlante
Court dans le jour et meurt sur le soir attiédi,
Le ciel clair de l'Iran, cette chaude indolente,
Qui vit naître et chanter le vibrant Saadi;
Le pays du Coran, et des roses mosquées,
Où tant de parfum dort au creux du soir blotti,
La terre des turbans, des pagodes laquées,
Tels que tu les a vus aux livres de Loti...
Poète, viens vers moi! Les royaumes en file,
Ensoleillés, brillants passeront sous tes yeux :
Tu te prosterneras vers la Grèce d'Eschyle,
Des sciences, de l'art, des héros et des dieux;

Tu brûleras ton cœur, tel l'encens des idoles,
Au charme pénétrant qui séduit et qui mord,
À l'attrait éperdu de Venise en gondoles
Qui fascine, éblouit et prend mieux que la mort.
Ne tarde plus! Oh! viens dans mon arène immense,
Viens, je t'emporterai comme un jeune aigle au vent.
Nous nous arrêterons sur le sol de la France,
Aux bras larges ouverts, au visage émouvant.
Quand ton être vibrait à l'heure triomphale
Du rêve merveilleux et du désir humain,
N'as-tu pas pressenti qu'en toi l'âme ancestrale
Revivait, nostalgique, et montrait ce chemin?...

Oh! viens! m'a dit l'Espace aux yeux pleins de promesse,
Qu'importe tes douleurs et tes rêves brisés!

J'ai des baumes puissants pour guérir la détresse
Et les maux n'en sont plus quand je les ai grisés,
Je suis la brune aurore aux vêtements opales,
Les midis accablés, les soleils jaillissants;
Je suis la brise bleue et j'ai mille cymbales
Qui tintent en cadence à mes pieds bondissants.
Je suis les hauts gradins, je suis l'arène immense
Où tous les éléments se combattent entre eux,
Le fertile sillon où germe la semence,
Le lange des vaincus, le séjour ténébreux.

Je porte dans mes bras le joyeux enfant-monde,
Les oiseaux enivrés, tous les faunes dansants;
Les fleurs brûlent pour moi d'ardeur tendre et profonde
Et m'offrent, chaque jour, un amoureux encens.
Je suis le vrai savoir, l'histoire universelle,
De la terre, je suis le milieu et le bord;
Je célèbre l'amour, la gaîté qui ruisselle,

Mais tous mes blancs chemins conduisent à la mort. ₅₅

Trois goélands mouillés de brume sont passés.
De quels cieux venaient-ils, et vers quels paysages
Volaient, en se hâtant, ces fantômes glacés
Dont le brouillard nocturne estompait les visages ?
Fabuleux voyageurs par la brume effacés,
Peut-être qu'ils étaient les âmes vagabondes
De Baudelaire et d'Edgar Poe et de Rimbaud,
Dans un vol fraternel en fuite vers quels mondes,
Quel profond clair de lune au delà du tombeau ?

Robert Choquette

Extrait de Suite marine

«*Trois goélands…*», manuscrit de Robert Choquette, tiré de **Suite marine**, *1953, transcrit en 1976.*

Robert Choquette

Manchester, États-Unis 1905 — Montréal 1991

Si Robert Choquette fait figure de chef de file, c'est que, d'abord à la radio, puis à la télévision, il occupe une position stratégique : par ses radioromans à grands succès et ses téléromans populaires, il a plus marqué notre histoire radiophonique et télévisuelle que littéraire. La publication de *Metropolitan Museum* en 1931, avec des bois d'Edwin Holgate, a un grand retentissement; c'est un défilé d'images cinématographiques éblouissantes qui marque une certaine modernité. Fidèle aux formes classiques, travaillées, peaufinées à outrance, souvent ennuyeuses, romantiques, emphatiques, épiques, cette poésie quand elle se fait descriptive trouve ses meilleurs élans. Né à Manchester au New Hampshire, de parents québécois fraîchement émigrés, il passe son enfance à Lewiston (Maine). À la mort de sa mère en 1913, la famille rentre à Montréal où il fera ses études. Entré en 1963 dans le service diplomatique canadien, il y mène une carrière prestigieuse; au milieu des années 70, il prend sa retraite à Montréal. Son œuvre poétique a été publiée en deux tomes chez Fides.

Le chant de mort de l'Iroquois

J'aurais bien pu, pendant le long voyage,
Dans les ruisseaux que nous avons passés à gué
Cueillir, pour libérer mes poignets fatigués,
Le couteau naturel qu'offre le coquillage :
J'eusse repris, de nuit, le sentier vers mes bois.
Mais je savais que vos tortures sont grossières,
    Qu'elles font sourire un hôte iroquois.
Nos supplices à nous, conçus par nos sorcières,
Feraient vibrer vos nerfs de frissons plus subtils
Qu'il n'en glisse sur l'eau sous les plus fluides brises.
Ne soupçonnez-vous point l'art aigu des surprises?
    Il faut faire mourir cil après cil…

    Le miel enduit mes lèvres mutilées
Où votre sœur la guêpe accourt en frémissant.
    Avez-vous cru, mêlant le miel au sang,
Corrompre de douceur mes paroles ailées?
Le chant de mort, pour nous, n'est que sanglant mépris,
Mon chant d'adieu prendra le goût de ma blessure.
    Grillez ma peau, hérissez l'air de cris!
Vous aurez le loisir, ma vigueur vous l'assure,
De mesurer cent fois vos talents d'écorcheurs!
Flagellez, tailladez, crachez, mordez en foule :
La volupté de vous railler dans ma chair coule
    Comme un immense fleuve de fraîcheur.

Ne rompez-vous pas mes doigts, d'où la flèche
Entrait comme un rayon dans vos flancs ennemis?
Vous m'avez arraché les ongles, m'avez mis
Une robe d'écorce, et la flamme la lèche
De sa langue sournoise et bleue et rouge. Hélas!
Hélas! pour vous qui perdez tant de belle rage!
    Qui vous obstinez et n'arrivez pas
À voir crouler dans un soupir mon clair courage!
Dansez, acharnez-vous jusqu'à meurtrir le sol!
Clame avec le tambour l'écaille de tortue!
Ce que vous tourmentez de moi, c'est ma statue :
    Mon cœur, s'il veut, n'a qu'à prendre son vol.

    Vous me brisez l'une et l'autre cheville,
Vous faites de mes pieds la plus sûre prison.
    Si, par delà ce chemin de tisons
Où, sans doute, la chair me trahit et vacille,
Mon libre cœur fuyait d'un seul coup d'aile? Quoi!
Vous me cernez, vous m'entourez d'un mur de torses?
    Plus prompt encor que les fils du carquois,
Mon cœur passe! À travers vos villages d'écorce,
À travers la forêt où le meurtre est en fleurs,
Il se hâte! à travers le lac et la prairie!
Et mon cœur est là-bas, dans ce coin de patrie
    Où m'attendent les miens, mordant leurs pleurs.

Ô visages aimés, douceur, magie,
Être au milieu de vous pour le reste des jours!
À quand ce beau collier, que j'espère toujours,
De haches de combat dans la braise rougies?
Je suis chez nous, dans ma forêt, près du lac Bleu,
L'air est chargé de miel, de trèfle, de résine,
    Le jour m'endort d'un bien-être de feu,
Un huard, tout là-bas sur la rive voisine,
Applaudit… Eh quoi donc! comptez-vous, chiens mordants,
Qu'en me plongeant ces deux charbons dans les prunelles,
Vous m'effacez des yeux la forêt maternelle?
    Je la vois mieux, avec ces yeux ardents!

    Je la vois mieux… Pourtant, l'étrange fête,
Mon bois natal devient un pays merveilleux
    Où glissent les fantômes des aïeux.
Incandescente nuit qui dévore ma tête!
Serait-ce, bois natal, que c'est toi, la forêt
De la légende? toi, Lac Bleu, l'eau enchantée
    Où celui qui meurt brave et sans regret
Chassera pour toujours des bêtes argentées,
Pêchera des poissons à la robe arc-en-ciel?
Le bois des manitous, que la sagesse enseigne?
Qu'est-ce? Du miel encor sur ma bouche qui saigne?
    Tu fus la vie, amertume du miel!

L'Aigle Bronzé va retrouver ses pères
Dans la clarté des dieux, des guerriers, des héros.
Mais quel est votre nombre, invisibles bourreaux?
Ah! comme il faut que ma vigueur vous exaspère,
Pour que s'ajoute aux coups la main de vos enfants!
Frappez, fils de faiblards, d'où naîtront d'autres lâches!
Sachez de moi comme on meurt triomphant
Quand toute une tribu se bouscule à la tâche
Pour savoir quel heureux vous mangera le cœur!
Partagez-le, vils chiens! donnez-vous des entrailles,
Que mon vengeur, oseriez-vous livrer bataille,
À vous mettre en poussière ait au moins quelque honneur! [56]

«Les bigoudines de Bretagne», huile sur panneau de bois de Cécile Chabot, 1950.

Cécile Chabot

L'Annonciation 1907 — Outremont 1990

La poésie de Cécile Chabot, d'abord toute classique, chante la nature, l'appel du Nord, la mélancolie; ensuite, le vers religieux et naïf, ramassé, scandé exprime la joie de vivre. Née à L'Annonciation (Deux-Montagnes), elle fait des études à l'École des Arts et Métiers, puis à l'École des Beaux-Arts de Montréal. Son œuvre picturale révèle une grande coloriste. Chaque exemplaire de son premier recueil, *Vitrail*, paru en 1939, est illustré de monotypes originaux; c'est le premier livre d'artiste de notre littérature. Son second recueil n'est publié qu'en 1976. Des textes choisis de son œuvre sont publiés en 1983.

Je ne suis qu'une enfant

Je ne suis qu'une enfant solitaire et sauvage
Qui m'en vais dans la vie avec un cœur d'oiseau,
Et sur les étangs clairs, l'ombre d'un seul roseau
Fait encor plus de bruit que mon obscur passage.

Libre comme la mer qui s'étend sur la plage
J'ai bondi vers l'azur m'en taillant un lambeau,
J'ai bu dans le soleil comme à même un jet d'eau
Et des vents d'infini m'ont prise en leur sillage.

Mais depuis qu'en mon âme ont surgi ces appels,
Depuis que je tentai les sommets immortels,
La terre ne m'est plus qu'un tournant de la route.

Et tandis que je monte en refermant les bras
Sur un ciel inconnu, nul être ne se doute
Que des morceaux d'étoile ont surgi sous mes pas. [57]

L'appel du Nord

Jusqu'où donc allez-vous, âpres forêts du Nord
Dans votre chevauchée à travers les nuages?
Et sur quel horizon dont je ne vois le bord
Arrêtez-vous l'élan de vos lointains voyages?
Malgré les durs chemins écorchant mes talons,
Malgré le roc brutal mordant en ma poitrine,
De ravins en ravins, de vallons en vallons,
Vers vous je suis montée et vers vous je m'incline.
Et j'ai le désir fou de suivre dans vos bras,
Cette route sauvage, innombrable et diverse,
Menant au pays neuf que je ne connais pas.
Ce rêve de partir me laboure et me herse
Comme un soc de charrue allant au cœur du sol;
Il fait jaillir en moi des puissances nouvelles
Et je voudrais m'enfuir cachée en votre vol,
Puisque vous m'appelez et puisque j'ai des ailes. 58

Dédicace de Rina Lasnier à Alphonse Piché et de Piché à G. Dostie, dans Madones canadiennes, *avec Marius Barbeau, Montréal, Beauchemin, 1944.*

Rina Lasnier

Saint-Grégoire 1910 —

Saint-Jean-sur-Richelieu 1997

Dans ses premiers recueils, le lyrisme de tout religieux renouvelle le genre : « Le Baiser » dans *Chant de la montée* en est un exemple éblouissant. Sa poésie devient plus hermétique, intense, sensuelle et spirituelle. Son paysage intérieur reflète la terre québécoise tout comme l'éternelle confrontation entre la vie et la mort. Prolifique, de la cinquantaine d'œuvres publiées, plus de la moitié l'est en poésie. Célébrée, récompensée, honorée, Rina Lasnier a été membre fondatrice de multiples organismes et associations. Née à Saint-Grégoire (Iberville) en 1910, elle fait des études en littérature française et anglaise, ainsi qu'en bibliothéconomie à l'Université de Montréal. Longtemps citoyenne de Joliette, elle retourne à sa retraite dans le pays de son enfance. Son œuvre a fait l'objet de multiples études et anthologies.

Amour de rien

Fille de rien, pigeonne d'escalier,
fille de filasse à cheveux d'ortie;
garçon de rien, jeunesse ébouriffée
aux querelles d'opéra des balcons d'été.

Amours de ruelle à la marge des cités,
le temps n'a point le temps de roucouler;
à la proue des seins navigue le marié,
n'amasse rien sauf quatre roses de mains.

Une laize de ciel pend aux clôtures,
un drap lessivé virevolte sur la mariée;
elle n'a pas d'anneau pour nouer l'avenir,
nul boisseau sur la lampe des yeux.

Le temps qui épouse la dernière ombre
ne les trouble point de pitié,
le temps de rien, le temps fidèle
les asseoit dans la régence de l'herbe. [59]

Chant berbère

Comme des serpents aplatis aux lèvres
Les pipeaux nocturnes des Berbères
Ont remué l'angoisse fixe du désert ;
Aux plis de la chair passe la guerre du sang
Mais les hommes bleus savent la dérive du chant,
Gonflés de tristesse ils chantent le faîtage frêle
Et soudain l'air est un oiseau sacré
Et la mue des serpents n'est plus poussière
Et la mue de la mort n'est plus la neige ;
Les hommes bleus chantent la déraison de chanter
Et l'oiseau sacré est une hauteur portée... [60]

Le tambour noir

Sur la peau tendue du silence, ountogni,
pulsion solitaire sans paix ni appel,
progression placide du seul pas du son
pas des arbres piétinant la forêt,
socle du son insulaire au centre de la solennité,
passe rocailleuse dans la liquidité d'une fête.

Secret serein de la durée par le bris sonore du temps,
insistance horizontale de la corde raide tendue aux dieux,
sommation sans surcharge de signes, d'exil ou de transes ;
mailles du filet neuf aux genoux écartés du tambourineur,
et sous ses paumes, étoffe vaste de l'ombre indivise ;
césures blanches avant le coloris impur du chant,
os dur du son sans oscillations de plumages ;
voix égale des morts sans écho sépulcral,
sonorité du sang lié au sang, levée processionnelle de la négritude. [61]

Les éphémères du Richelieu

Trois années d'eau et trois années d'herbe
pour une seule nuit de croissance mortelle;
sans couleur et sans saison, un seul vol d'argent,
sans toit, sans nourriture, un seul pas d'amour;
plus nettes que l'eau de leur naissance,
plus légères que l'aile de leur danse,
les « mannes » funambules ne célèbrent que l'air;
sans toucher aux plaies de la terre,
sans rien savoir de leur mort nourricière
leur ballet joue le jeu fragile de l'innocence.

Sur le triangle de leurs ailes éphémères
et sur les trois longs cheveux de leur traîne
naît sans cesse le ballet de la lumière
et l'œil de la lampe en fait sable de joie. [62]

À Monsieur Georges Étienne Cartier
en souvenir de de Saint-Denys Garneau
& des quelques heures passées au manoir
pichereau-Duchesnay
ce samedi, 23 août, 1952
Paul & Hermine Garneau.

REGARDS ET JEUX
DANS L'ESPACE

Dédicace d'Hector de Saint-Denys-Garneau dans Regards et jeux dans l'espace.

Saint-Denys-Garneau

Montréal 1912 —

Sainte-Catherine-de-Fossambault 1943

La publication, en 1937, de *Regards et jeux dans l'espace* opère une révolution : avec Hector de Saint-Denys-Garneau, notre littérature entre dans la modernité. Pour la première fois, la poésie devient prospection de l'inconscient. Son poème aussitôt écrit lui devient étranger ; le poète tente de faire servir les mots et les images à l'approfondissement des réalités spirituelles souvent étouffantes sinon morbides. Le vers libre seul correspond à sa pensée. Son angoisse de vivre donne un ton sombre, bien que lucide, à son écriture alors que son expérience de peintre lui fait brosser des textes hauts en relief, des petits tableaux pétillants, un regard enfantin déstabilisant. Il est retrouvé mort au bord de la rivière Jacques-Cartier : crise cardiaque ? Accident ? Suicide ? Cette énigme n'a jamais été résolue. Né à Montréal, c'est aussi là qu'il fait son cours classique de façon décousue dans plusieurs institutions, à cause d'une santé fragile ; il étudie la peinture à l'École des Beaux-Arts et s'y adonne discrètement toute sa vie. Il participe à la création, en 1934, de cette importante revue que fut *La Relève*. Il avait passé son enfance au manoir familial de Sainte-Catherine-de-Fossambault ; il s'y retire dans la solitude à partir de 1937 jusqu'à sa disparition. La parution de *Poésies complètes*, en 1949, reste un événement majeur pour la littérature. C'est le poète ayant fait l'objet du plus grand nombre d'études. Jacques Brault et Benoît Lacroix ont réalisé une édition critique de ses «œuvres» en 1971.

Le jeu

Ne me dérangez pas je suis profondément occupé

Un enfant est en train de bâtir un village
C'est une ville, un comté
Et qui sait
    Tantôt l'univers.

Il joue

Ces cubes de bois sont des maisons qu'il déplace et des châteaux
Cette planche fait signe d'un toit qui penche ça n'est pas mal à voir
Ce n'est pas peu de savoir où va tourner la route de cartes
Cela pourrait changer complètement le cours de la rivière
À cause du pont qui fait un si beau mirage dans l'eau du tapis
C'est facile d'avoir un grand arbre
Et de mettre au-dessous une montagne pour qu'il soit en haut.

Joie de jouer! paradis des libertés!
Et surtout n'allez pas mettre un pied dans la chambre
On ne sait jamais ce qui peut être dans ce coin
Et si vous n'allez pas écraser la plus chère des fleurs invisibles

Voilà ma boîte à jouets
Pleine de mots pour faire de merveilleux enlacements
Les allier séparer marier,

Déroulements tantôt de danse
Et tout à l'heure le clair éclat du rire
Qu'on croyait perdu

Une tendre chiquenaude
Et l'étoile
Qui se balançait sans prendre garde
Au bout d'un fil trop ténu de lumière
Tombe dans l'eau et fait des ronds. [63]

Poids et mesure

Il ne s'agit pas de tirer les choses par les cheveux
D'attacher par les cheveux une femme à la queue d'un cheval
D'empiler des morts à la queue leu leu
Au fil de l'épée, au fil du temps.

On peut s'amuser à faire des nœuds avec des lignes parallèles
C'est un divertissement un peu métaphysique
L'absurde n'étant pas réduit à loger au nez de Cyrano
Mais en regardant cela la tête à l'envers
On aperçoit des évocations d'autres mondes
On aperçoit des cassures dans notre monde qui font des trous

On peut être fâché de voir des trous dans notre monde
On peut être scandalisé par un bas percé un gilet un gant percé qui laisse voir un doigt
On peut exiger que tout soit rapiécé

Mais un trou dans notre monde c'est déjà quelque chose
Pourvu qu'on s'accroche dedans les pieds et qu'on y tombe
La tête et qu'on y tombe la tête la première
Cela permet de voguer et même de revenir
Cela peut libérer de mesurer le monde à pied, pied à pied. ₆₄

Félix Leclerc

La Tuque 1914 — Île d'Orléans 1988

La chanson doit tout à Félix Leclerc : sa poésie, ainsi présentait-il ses textes, tout imprégnée de la nature, des gens simples, de la quotidienneté, teintée de nostalgie, de rêve, voire de révolte, marque toute la culture. Dès 1939, il interprète sa première chanson, mais ce n'est qu'en 1950, à la suite de son concert à Paris, qu'il acquiert ce statut de grande vedette internationale. Né à La Tuque, il fait ses humanités à Ottawa, puis devient annonceur radiophonique, comédien, auteur dramatique, membre des *Compagnons de Saint-Laurent*. Dès 1943, il publie ses premiers livres plutôt moralisateurs, mièvres, alors que ses poèmes mis en musique échappent à ces ornières. Son théâtre et ses romans ne retiennent guère l'attention, alors que son apport à la chanson française le consacre comme l'un des grands paroliers-interprètes. Son nom est pour toujours rattaché à l'Île d'Orléans où il a vécu à son retour de France.

Mouillures

Quand ils auront franchi ce terrible désert
Et que les mains tendues ils atteindront la mer
Une traînante barque les rejoindra bientôt
On les acceptera avec leurs misères
Ils cacheront leur corps sous un même manteau
Pareils à deux lierres à jamais enlacés
Qui mêlent leurs amours leurs bras leur chevelure
Ainsi nous glisserons à travers les mouillures
Bus par l'éternité bus par l'éternité [65]

Complot d'enfants

Nous partirons
Nous partirons seuls
Nous partirons seuls loin
Pendant que nos parents dorment
Nous prendrons le chemin
Nous prendrons notre enfance
Un peu d'eau et de pain
Et beaucoup d'espérance
Nous sortirons pieds nus
En silence
Nous sortirons
Par l'horizon [66]

L'alouette en colère

J'ai un fils enragé
Il ne croit ni à Dieu ni à diable ni à moi
J'ai un fils écrasé
Par les temples à finance où il ne peut entrer
Et par ceux des paroles d'où il ne peut sortir

J'ai un fils dépouillé
Comme le fut son père porteur d'eau
Scieur de bois locataire et chômeur dans son propre pays
Il ne lui reste plus qu'la belle vue sur le fleuve
Et sa langue maternelle qu'on ne reconnaît pas

J'ai un fils révolté un fils humilié
Un fils qui demain sera un assassin
Alors moi j'ai eu peur et j'ai crié
À l'aide au secours quelqu'un
Le gros voisin d'en face est accouru Armé grossier étranger
Pour abattre mon fils une bonne fois pour toutes

Et lui casser les reins et le dos
Et la tête et le bec et les ailes alouette
Ah! Mon fils est en prison
Et moi je sens en moi
Dans le tréfonds de moi
Pour la première fois

Malgré moi malgré moi
Entre la chair et l'os
S'installer la colère [67]

Le tour de l'île

Pour supporter le difficile
Et l'inutile
Ya l'tour de l'Île
Quarante-deux milles
De choses tranquilles
Pour oublier grande blessure
Dessous l'armure
Été hiver
Ya l'tour de l'Île
L'Île d'Orléans

L'Île c'est comme Chartres
C'est haut et propre
Avec des nefs
Avec des arcs des corridors
Et des falaises
En février la neige est rose
Comme chair de femme
Et en juillet le fleuve est tiède
Sur les battures

Au mois de mai à marée basse
Voilà les oies
Depuis des siècles
Au mois de juin
Parties les oies
Mais nous les gens
Les descendants de La Rochelle
Présents tout l'temps
Surtout l'hiver
Comme les arbres

Mais c'est pas vrai
Ben oui c'est vrai
Écoute encore

Maisons de bois
Maisons de pierres
Clochers pointus
Et dans les fonds des pâturages
De silence
Des enfants blonds nourris d'azur
Comme les anges
Jouent à la guerre
Imaginaire imaginons

L'Île d'Orléans
Un dépotoir
Un cimetière
Parcs à vidanges boîte à déchets
US parkings
On veut la mettre en mini-jupe
And speak English
Faire ça à elle l'Île d'Orléans
Notre fleur de lyse

Mais c'est pas vrai
Ben oui c'est vrai
Raconte encore

Sous un nuage près d'un cours d'eau
C'est un berceau
Et un grand-père
Au regard bleu
Qui monte la garde
Y sait pas trop ce qu'on dit
Dans les capitales
L'œil vers le golfe ou Montréal
Guette le signal

Pour célébrer l'indépendance
Quand on y pense
C'est-y en France?

C'est comme en France
Le tour de l'Île
Quarante-deux milles
Comme des vagues les montagnes
Les fruits sont mûrs
Dans les vergers
De mon pays

Ça signifie
L'heure est venue
Si t'as compris [68]

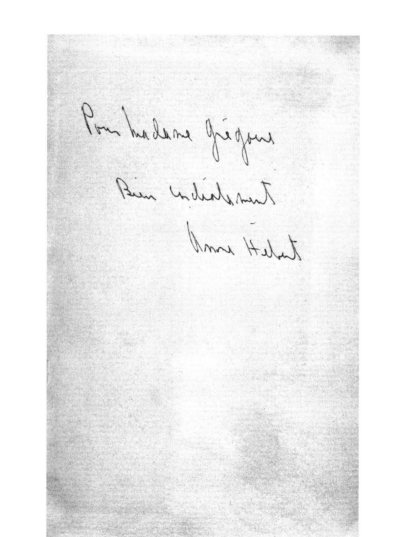

Dédicace d'Anne Hébert, dans Les Songes en équilibre,
Montréal, Éditions de l'Arbre, 1942.

Anne Hébert

Sainte-Catherine-de-Fossambault 1916 —
Montréal 2000

Le premier recueil d'Anne Hébert, en 1942,
Les Songes en équilibre, poèmes de jeunesse d'un
spiritualisme prégnant, dans la tonalité sombre de
son cousin Saint-Denys-Garneau, qu'elle ne rééditera
jamais, situe quand même ce vertige, un art solitaire sur
le fil de fer, qu'est sa poésie nostalgique de l'enfance :
lucide devant le destin de l'humanité comme devant le temps qui nous est imparti
d'où une hantise de la mort, toute la joie que procure la nature, l'intensité de la vie tel
un carburant à cette quête, la création comme une libération intérieure. De l'ample
verset, célébration de la joie de vivre, elle passe au vers plus hachuré, concis, rythmé.
La parution de *Poèmes* au Seuil en 1960, comprenant *Le Tombeau des rois* (1953) et
Mystère de la parole, lui ouvre une carrière internationale de romancière, ponctuée
d'une multitude de prestigieux prix. Elle ne revient à la poésie qu'à la fin de sa vie dans
deux courts recueils, brefs textes, plus intimistes, tournés vers l'essentiel, l'irréductible,
l'irrésolu. Sa poésie raffinée et éblouissante est prolongée par son œuvre romanesque
toute personnelle, sans nulle autre pareille; une des grandes écritures de notre temps.
Née à Sainte-Catherine-de-Fossambault, elle étudie à Québec au Collège Mérici;
son père, Maurice, critique littéraire important, l'initie à la littérature. Au début des
années 1950, Anne Hébert travaille à Radio-Canada et à l'Office national du film.
En 1954, elle effectue son premier séjour à Paris où elle se consacre uniquement à la
littérature. Elle finit par s'y installer, mais elle revient à Montréal quelques années
avant sa mort. La rétrospective de sa poésie est publiée au Boréal.

Je suis la terre et l'eau

Je suis la terre et l'eau, tu ne me passeras pas à gué, mon ami, mon ami

Je suis le puits et la soif, tu ne me traverseras pas sans péril, mon ami, mon ami

Midi est fait pour crever sur la mer, soleil étale, parole fondue, tu étais si clair, mon ami, mon ami

Tu ne me quitteras pas essuyant l'ombre sur ta face comme un vent fugace, mon ami, mon ami

Le malheur et l'espérance sous mon toit brûlent, durement noués, apprends ces vieilles noces
étranges, mon ami, mon ami

Tu fuis les présages et presses le chiffre pur à même tes mains ouvertes, mon ami, mon ami

Tu parles à haute et intelligible voix, je ne sais quel écho sourd traîne derrière toi, entends,
entends mes veines noires qui chantent dans la nuit, mon ami, mon ami

Je suis sans nom ni visage certain; lieu d'accueil et chambre d'ombre, piste de songe et lieu
d'origine, mon ami, mon ami

Ah quelle saison d'âcres feuilles rousses m'a donnée Dieu pour t'y coucher, mon ami, mon ami

Un grand cheval noir court sur les grèves, j'entends son pas sous la terre, son sabot frappe
la source de mon sang à la fine jointure de la mort

Ah quel automne! Qui donc m'a prise parmi des cheminements de fougères souterraines,
    confondue à l'odeur du bois mouillé, mon ami, mon ami

Parmi les âges brouillés, naissances et morts, toutes mémoires, couleurs rompues, reçois le cœur
    obscur de la terre, toute la nuit entre tes mains livrée et donnée, mon ami, mon ami

Il a suffi d'un seul matin pour que mon visage fleurisse, reconnais ta propre grande ténèbre
    visitée, tout le système lié entre les mains claires, mon amour. [69]

Le tombeau des rois

J'ai mon cœur au poing.
Comme un faucon aveugle.

Le taciturne oiseau pris à mes doigts
Lampe gonflée de vin et de sang,
Je descends
Vers les tombeaux des rois
Étonnée
À peine née.

Quel fil d'Ariane me mène
Au long des dédales sourds?
L'écho des pas s'y mange à mesure.

(En quel songe
Cette enfant fut-elle liée par la cheville
Pareille à une esclave fascinée?)

L'auteur du songe
Presse le fil,
Et viennent les pas nus
Un à un
Comme les premières gouttes de pluie
Au fond du puits.

Déjà l'odeur bouge en des orages gonflés
Suinte sous le pas des portes
Aux chambres secrètes et rondes,
Là où sont dressés les lits clos.

L'immobile désir des gisants me tire.
Je regarde avec étonnement
À même les noirs ossements
Luire les pierres bleues incrustées.

Quelques tragédies patiemment travaillées.
Sur la poitrine des rois couchées,
En guise de bijoux
Me sont offertes
Sans larmes ni regrets.

Sur une seule ligne rangés :
La fumée d'encens, le gâteau de riz séché
Et ma chair qui tremble :
Offrande rituelle et soumise.

Le masque d'or sur ma face absente
Des fleurs violettes en guise de prunelles,
L'ombre de l'amour me maquille à petits traits précis :
Et cet oiseau que j'ai
Respire
Et se plaint étrangement.

Un frisson long
Semblable au vent qui prend, d'arbre en arbre,
Agite sept grands pharaons d'ébène
En leurs étuis solonnels et parés.

Ce n'est que la profondeur de la mort qui persiste,
Simulant le dernier tourment
Cherchant son apaisement
Et son éternité
En un cliquetis léger de bracelets
Cercles vains jeux d'ailleurs
Autour de la chair sacrifiés

Avides de la source fraternelle du mal en moi
Ils me couchent et me boivent :
Sept fois, je connais l'étau des os
Et la main sèche qui cherche le cœur pour le rompre.

Livide et repue de songe horrible
Les membres dénoués
Et les morts hors de moi, assassinés,
Quel reflet d'aube s'égare ici?
D'où vient donc que cet oiseau frémit
Et tourne vers le matin
Ses prunelles crevées? [70]

Nuit d'été

La ville entière dans sa clameur nocturne
Déferle en lames sonores

Passant par les hautes fenêtres de la canicule
La basse des rockeurs accompagne sourdement
Le Salve Regina des Intégristes

Rires paroles incohérentes chuchotements
Vrombissement et pétarades

Odeurs odeurs fortes à mourir
Poussières et cendres étouffantes
Pollens volants et chats errants

Les petites vieilles qu'on torture et qu'on assassine
Dans des chambres fermées
Demeurent secrètes et cachées
Jusqu'à la fin
Sans aucun cri perceptibles
Dans la ville noire tonitruante
Foires des nuits orageuses
Garçons et filles se flairent
Dans des touffeurs d'étuve

Trafiquent l'amour et la drogue
Sous le néon strident
Sous la voûte sombre des ruelles

Tandis qu'au ciel sans lune ni soleil
Des devins obscurs leur promettent l'étoile parfaite
Délices et mort confondues en un seul éclair. 71

Le jour n'a d'égal que la nuit

Mon amour se lave de la nuit
Son âme franchit des bruines fines
Émerge de l'aube
Se montre de face
Et de profil
Cherche son corps léger
Sous les draps pour n'aimer que moi. [72]

Ruelles

C'est une bien vieille chanson
Qui porte dans sa ritournelle,
Sa ritournelle sans façon
Le souvenir de nos ruelles.
Nos ruelles sempiternelles
Où nous avons, jeunes larrons,
Appris les choses criminelles
Qu'on nous cachait à la maison

La ruelle et sa floraison
De cordes où les demoiselles
Séchaient leurs petits caleçons,
Et les rondelettes nacelles
Toutes de soie et de dentelle
Dans l'air comme des papillons
Les papillons aux grandes ailes
Qui nous cachait à la maison

La ruelle à Tit-Roux, Ti-Alard,
Tit-Paul dont les grosses bretelles
Lui remontaient les pantalons
Jusque par dessous les aisselles.
Pour les minutes vénielles
Quand nous fumions sous le perron
Blêmes, les pipes paternelles
Qu'on nous cachait à la maison

Envoi

En moi roule la ritournelle,
La ritournelle sans façon
Des ruelles sempiternelles
Quand nous étions petits garçons

extrait de "Ballades de la petite extase"

Alphonse Piché
3. Rivières Oct 1987

«Ruelles», manuscrit d'Alphonse Piché, version inédite 1946, transcrit en 1987.

Alphonse Piché

Chicoutimi 1917 — Trois-Rivières 1998

Depuis *Ballades de la petite extrace* (1946), la poésie
d'Alphonse Piché teintée d'humour, de compassion,
encore dans les formes classiques, se transforme dans
les deux recueils suivants. Un verbe débridé, dérivant
sur la voie d'eau qu'est le Saint-Laurent, plongeant
dans l'érotisme et la volupté, empruntant la fable,
la parodie et le haïku. Une poésie populaire, une
langue simple, directe, vraie. Bien que né à Chicoutimi, Trois-Rivières est la ville
de son enfance qu'il ne quittera que très peu. Il entame des études au Séminaire
de Trois-Rivières qu'il ne complète pas. Il est comptable et chantre d'église, fasciné par
l'opéra. La publication de sa rétrospective, en 1976, le met en lumière et lui mérite
de nombreux prix. Il publie six autres recueils, la plupart aux Écrits des Forges.

Ruelles

C'est une bien vieille chanson
Qui porte dans sa ritournelle,
Sa ritournelle sans façon.
Le souvenir de nos ruelles,
Nos ruelles sempiternelles
Où nous avons, jeunes larrons,
Appris les choses criminelles
Qu'on nous cachait à la maison

La ruelle et sa floraison
De cordes où les demoiselles
Séchaient leurs petits caleçons,
Et les rondelettes nacelles
Toutes de soie et de dentelle
Dans l'air comme des papillons,
Des papillons aux grandes ailes
Qu'on nous cachait à la maison.

La ruelle à Tit-Roux, Tit-Blond,
Tit-Paul dont les grosses bretelles
Lui remontaient ses pantalons
Jusque par dessous les aisselles,
Pour les minutes vénielles
Quand nous fumions sous le perron,
Blêmes, les pipes paternelles
Qu'on nous cachait à la maison.

Envoi

En moi roule la ritournelle,
La ritournelle sans façon
Des ruelles sempiternelles
Quand nous étions petits garçons. [73]

Liturgie

Dans l'amour femme
Tes cuisses hautes
Ogives de ma cathédrale
Tes cuisses
Dans la soie le nylon
Belles libres dans le soleil
Lumière d'ombre
Cuisses rondes
Portant l'alcôve chaude
Ô femme
Dôme de tes jupes à fleur de sexe
Au biseau des désirs
Fente médiane sacrée
De tes cuisses fermées
Jeu mouvement délire
Triangle de tes pas jusqu'à la folie
Tes cuisses et la vie
Ultime sanctuaire ma vie
Avant le froid de la fin
Les ronces la poussière ₇₄

Roland Jomphe

Havre-Saint-Pierre 1917 — Îles Mingan 2003

Chantre de la Minganie, du golfe du Saint-Laurent,
Roland Jomphe écrit une poésie limpide, toute classique,
descriptive, populaire, naïve. Né à Havre-Saint-Pierre,
pêcheur de son métier, secrétaire de sa municipalité,
toute sa vie il se passionne pour son coin de pays qu'il
ne quitte guère. Son unique recueil est publié en 1978.

Anticoste

Combien de pêcheurs près de toi y ont passé
Méditant sur la vie de ta grande nature
Combien de chasseurs près de toi y ont passé
Oubliant les erreurs d'une grande aventure

Combien sont disparus sans fortune d'envie
Sur la lame enragée aux brisants de la mer
Ne laissant que débris aux horreurs de la vie
Que rapporte l'histoire aux rayons de l'espoir

Dans la vague profonde comme cris dans la nuit
Sur le temps qui s'en va vers l'oubli de demain
Un soupir d'équipage retentit dans l'esprit
Traversant les nuées d'un tragique destin

Dans l'ombrage et la houle se roulant au rivage
Au courant des remous que la brise charrie
La marée d'un récif a saisi le naufrage
Que la lame a brisé en même temps que la vie

Le goémon de la rive conservant les secrets
Que le rêve désire découvrir aux instants
Mais la vague mourante au décor des regrets
N'aura pas à livrer la raison de son temps [75]

Gilles Hénault

Saint-Majorique-de-Drummond 1920 —

Montréal 1996

L'œuvre majeure de Gilles Hénault s'inscrit dans la modernité dont il est un éclaireur. À la fois surréaliste et socialement à l'avant-garde, il participe en 1946 à la fondation des *Cahiers de la file indienne* et y publie *Théâtre en plein air* illustré par Charles Daudelin. Il est membre du groupe des Automatistes sans être signataire du célèbre manifeste publié alors que son appartenance au parti communiste l'a amené à s'exiler pour gagner sa vie dans le syndicalisme à Sudbury. La parution chez Erta, la maison de son ami Roland Giguère, de *Totems* (1953), illustré par Albert Dumouchel, et de *Voyage au pays de mémoire* (1960), illustré par Marcelle Ferron, laisse présager le personnage pivot qu'il sera tant dans le domaine de la poésie que dans celui de l'art. En effet, après une carrière en journalisme de gauche, il est critique d'art et responsable des pages littéraires du journal *Le Devoir*, puis il assume la direction du Musée d'art contemporain de Montréal. Son écriture est éblouissante, visionnaire, d'une grande lucidité qui lui fait voir aussi bien les racines de l'humanité et celles de l'Amérique avec les «peaux rouges», que la solidarité avec les travailleurs et les damnés de la terre. À la suite de problèmes de santé, sa poésie adopte un ton plus personnel, plus urgent, plus intime et bouleversant. Né à Saint-Majorique (Drummond), son influence est marquante dans la vie culturelle montréalaise. Les Éditions Sémaphore (du titre de son recueil le plus connu) ont publié, en 2006, une rétrospective de ses poèmes.

Bordeaux-sur-bagne

Les mots comme des caillots de sang dans la gorge
Les mots jetés à pleine figure
Les mots crachats
Les cris qui sourdent des rochers du silence ces mutismes de silex
éclatés tout à coup en paraboles de fusées
La haine et l'amour vomis d'un seul vomissement
Tout l'inexprimable poing levé
vers la menace en porte-à-faux
sur la tête de la foule
Et l'homme international surgi du miroir ardent
d'un prolétaire soudé à la terre, au marteau, à la mine
aux galeries débouchant sur le sel gemme.

L'oiseau-délivrance joue de l'aile dans l'œil des bagnards
Les désirs prolongent leurs rails jusqu'à Sarajevo
où 200 000 pics chantent d'un même rythme.
Il faut que la révolte soit le pain
de tous les emmurés de Bordeaux-sur-Bagne
de tous les éculés du devoir quotidien
de tous les éclaboussés des trottoirs planétaires
de tous les marcheurs de la faim de midi à quatorze heures
de tous les marcheurs qui parlent comme ils marchent
de tous les appendices de machines au cœur centrifuge
de tous ceux qui ne parlent pas pour parler
mais pour gueuler
la grande nausée du temps présent et du monde invivable

pour dire que le monde à l'envers est un crabe à ressort
qui marche à reculons vers l'épouvante d'une mer-dépotoir
où pourrissent tous les désirs-fœtus des années adolescentes
(cocarde de sang bleu)
dépotoir aux mouches de soleil de rayons de camées
de bibelots fêlés aux étoiles de mer à tentacules montées
sur une épingle-seringue à sérum contre la tuberculose
à cause des virus des grandes profondeurs...

Et l'homme n'a pour se regarder que des miroirs détamés.

Il voudrait tout foutre en l'air :
la torpeur, le tramway au troupeau macéré dans la fatigue
uniforme des journées de sable fin, le sale type, le poing,
la table, l'horloge à poinçonner les papillons des heures,
les salopettes couvertes de la céruse de l'ennui
et tout le bazar avec !

Peuple de la semaine des trois jeudis maigres
et des vendredis saints
Peuple moutonnant
Peuple adorateur de chasubles
Peuple somnolent sous les chaires d'immondices
Peuple de la patrie des 25 % légendaires
Et des loups-garous sur les routes qui remontent
vers notre Maître le Passé
Voici la croisée des chemins

qui départage le mouton de la haine
le loup de l'agneau, le pasteur du troupeau
le farceur du tréteau, l'ouvrier du bourreau
et le roi du manteau
qui couvrait l'épouvantail à moineaux, les balais en croix,
sa carcasse et son fétiche et la crosse abbatiale
et tous les ornements sacerdotaux.

(Ils chantaient tous cette chanson)
Il était une bergère
Et ron ron ron petit patapon
Il était une bergère
Qui gardait ses moutons
Mais les moutons n'ont plus de laine
Mirlitonton mirlitontaine

On les a tant tondus
on les a tant vendus
On leur a tant foutu de coups
Qu'ils se sont tous changés en loups
Pour mieux croquer les croquemitaines
Mirlitonton mirlitontaine. [76]

Miroir transparent

L'amour est plus simple qu'on le dit
Le jour est plus clair qu'on le croit
La vie est plus forte que la mer
La poésie coule dans la plaine où s'abreuvent les peuples.
L'absence est glacier
L'hiver de l'amour nous fait un cœur très sec.
Mais que viennent deux ou trois flèches de soleil
Un seul printemps debout sur la montagne de neige
Et refleurira la simplicité des mains sur les tempes
Des doigts entrelacés au-dessus des ruisseaux du cœur. [77]

Le jeu de l'amour

La nuit chantait bas ses noces de rainettes, la nuit se tressait d'ondulements de roseaux.
Des cris évanescents traçaient leurs paraboles d'augures à la poursuite d'oiseaux nocturnes.

Et mon désir faisait son nid dans l'arbre de tes veines.

Une rivière te traversait parcourue d'un grand frisson de voie lactée où brillait la constellarion
de ton sexe et de tes seins, étoiles écloses en nénuphars au bout de la tige du regard.

Plus close que l'eau receleuse de truites lunaires, plus secrète que le songe d'une onde étagée
au mirage du ciel, tu propageais ton silence par-delà l'aire où je me tenais debout.
Le silence émouvait la matrice de la parole, les ovaires du vent concevaient l'orage
d'une passion tout échevelée d'éclairs.

Et mon désir lançait son cri dans l'arbre de tes veines.

Le grand geste d'ombre de l'éclipse annonçait la prochaine conjonction des regards,
la confluence des fièvres aux rives des lèvres et le jaillissement du ah diamantaire rayant
le silence – fêlure étoilée en éclats de rires.

Silence étale. C'est ainsi que l'eau referme sa blessure sur le plongeon de la truite lunaire.
C'est ainsi que l'eau chaste se dévêt de sa moire, c'est ainsi qu'un regard battant des cils
remonte aux sources de la mémoire. C'est ainsi que la flamme se fait femme.

Plutôt mourir que de ne pas nager vers une joie aussi prometteuse de rives constellées. Nous étions
dans la grande nuit maternelle, parmi la pulsation des souffles et les rumeurs d'élytres,
parmi le chuintement des herbes qui chuchotent leur croissance, parmi le rut des fleuves
qui violent la mer, parmi le balancement des marées qui bercent l'inquiétude terrienne
sous l'œil tournant des phares.

Et mon désir chantait dans l'arbre de tes veines.

Il chantait si bien que je fis se lever un soleil de minuit dans ta prunelle et
que j'inventai pour toi toute une cosmogonie de gestes rituels et de syllabes
qui bourgeonnaient en astres dans le microcosme de notre amour. [78]

MIROIR TRANSPARENT

1

L'amour est plus simple qu'on le dit
Le jour est plus clair qu'on le croit
La vie est plus forte que la mer
La poésie coule dans la plaine
où s'abreuvent les peuples
L'absence est un glacier
L'hiver de l'amour nous fait
un cœur très sec.
Mais que viennent deux ou trois
flèches de soleil
Un seul printemps debout
sur la montagne de neige
Et refleurira la simplicité
des mains sur les tempes
Des doigts entrelacés au-dessus
des ruisseaux du cœur.

Gilles Hénault

«Miroir transparent», manuscrit de Gilles Hénault, transcrit en 1980.

Gérard Bessette

Sainte-Anne-de-Sabrevois 1920 —

Kingston, Ontario 2005

Parfois la poésie n'est qu'une porte d'entrée littéraire. Tel en est-il pour Gérard Bessette, célèbre comme romancier et critique féru de psychanalyse, qui a débuté son œuvre en 1954, par ses *Poèmes temporels*, tout classiques dans leur forme, un tantinet philosophiques, d'une sensualité certaine, pleins de retenue, de suavité. Né à Sainte-Anne-de-Sabrevois, il fait ses études classiques chez les pères de Sainte-Croix, son doctorat en lettres à l'Université de Montréal. Son athéisme connu l'a amené à enseigner exclusivement hors du Québec, principalement à l'Université Queen's de Kingston où il s'est éteint.

Le coureur

…

Quelques îles encore à franges vaporeuses
Dérivent sans douleur sur la mer endormeuse,
Quelques îles du jour qui voguent vers l'oubli,
Vers la mort et l'oubli de l'onde aventureuse,
Dérivent lentement, car le rêve aux replis
De reptile, et l'amour aux ruses venimeuses,
Car le rêve et l'amour, et l'alcôve remplie
De parfums et d'appels que le soir multiplie
Sous les frissons de la tenture aux teintes fauves,
Car le rêve et l'amour et la nuit et l'alcôve,
Sur la mer endormeuse où des îles encore,
Dont la douleur diurne en l'ombre s'édulcore,
Flottants fantômes, vont, vaporeuses, mourir,
Car le rêve et l'amour aux replis de reptile,
Car la nuit et l'alcôve en surprises fertiles,
Dans leur douceur insidieuse font mûrir,
— Laborieux repos, souveraines semences, —
Les plans, les pleurs, les souvenirs qui, dans l'immense
Obtusité des pleins soleils éblouissants,
Mêlaient leur devenir au rythme de mon sang 79

Éloi de Grandmont

Baie-du-Febvre 1921 — Montréal 1970

Avant de se consacrer au théâtre, à la radio et à la
télévision, d'être dramaturge, scénariste, traducteur,
entre 1946 et 1954, Éloi de Grandmont fait paraître
six recueils. Une parole libre, humoristique, sensuelle,
naïve sans doute, mais d'une vérité toute quotidienne.
Il écrit volontiers des textes de chansons dont certains
sont mis en musique. Quelques disques de poésie
sont aussi produits. Cofondateur des *Cahiers de la file indienne*, il y publie en 1946,
ce magnifique *Voyage d'Arlequin* illustré par Alfred Pellan. Abandonnant la poésie,
il participe à la fondation autant du *Journal des vedettes* et des *Écrits du Canada français,*
que du Théâtre du Nouveau Monde. Né à Baie-du-Fèvres (Yamaska), il fait ses
études classiques au Séminaire de Nicolet, puis il fréquente l'École des Beaux-Arts
de Montréal et reste Montréalais. Une chute dans l'escalier de sa résidence de
la rue Édouard-Montpetit lui est fatale. Son œuvre poétique n'a jamais été réunie.

Les passions cinématographiques

Minuit.
La salle obscure n'est plus obscure.
Dernière séance terminée.
L'instant rêvé est arrivé
D'interroger les préposés,
Les préposés au balayage
D'un cinéma du voisinage.
– Monsieur qui n'avez plus vingt ans,
Qui cueillez depuis tant de temps
Les objets oubliés,
Dites-nous ce qu'on peut trouver
Quand les amateurs éclairés
Comme on dit
De cinématographe
Ont vidé les lieux
Sans vider la place.
– Fort peu de portefeuilles garnis,
Dit le noble vieillard.
Mais j'ai trouvé
Quantité de faux seins
En matières diverses,
Des petits pantalons féminins
Des plus coquins
Toutes couleurs et toutes tailles
Rarement déchirés,
Des bas, souvent la paire,

Fins et légers,
Peu faits pour être balayés ou piétinés,
Des jarretières et des jarretelles
(Oh l'homme connaît ses nuances)
Des jupes, des corsages, des soutien-gorge
Et des scapulaires.
Un collègue m'assure avoir trouvé
Un pantalon masculin.
Je n'en crois rien.
— Merci, monsieur le balayeur. [80]

« Le Paradigme de l'idole », manuscrit d'Andrée Maillet.

Andrée Maillet

Montréal 1921 — Montréal 1995

Poésie féministe d'Andrée Maillet est d'une liberté sans entrave, passionnée, réaliste, provocante même. Son œuvre de romancière et la direction, entre 1952-1960, de l'importante revue *Amérique française*, haut lieu de poésie, ont éclipsé ses trois recueils. Écrivaine précoce, elle publie dès l'âge de onze ans. Son père, propriétaire de journaux, favorise sa carrière de journaliste et de romancière. Née à Montréal, dans la bourgeoisie du Plateau Mont-Royal, la littérature sera toute sa vie. Son œuvre poétique n'a jamais été réunie.

J'évolue

J'évolue lentement au milieu de la salle aux lambris d'or, aux miroirs, aux lustres de cristal
de Bohème.

L'orchestre des musiciens masqués se cache derrière un paravent de Coromandel et joue pour moi
toute seule un blues de Duke Ellington et je danse un twist lent, traînant et triste.

La brise d'hiver s'engouffre par la croisée grande ouverte en semant des flocons de neige.

Il neige au dehors, il neige sur le bal dans l'or de la lumière et dessus ma robe diaphane.

Je ne vais pas ordinairement aux séances de la Humanist Association; c'est beaucoup trop sérieux,
ce n'est pas un endroit où l'on fait voir ses jambes, où il importe fort d'être coiffée.

Je ne vais pas à la basilique, ni au Marché Bonsecours, ce musée, ni au Musée; je vais danser.

(Peu importe le rythme : je danse et chante selon le mien).

Mon cavalier de l'heure n'a pas d'intuition; celui d'hier avait des yeux profonds; celui
d'avant-hier des boutons sur le front; celui d'il y a quatre nuits une fossette dans la joue.

Demain j'embrasserai le rouquin de ma vie; après-demain le blond aux yeux pers;
après-après-demain le garçon de table qui a des favoris et dans quatre nuits d'ici,
mon grand amour viendra. Il dansera le rock avec moi et ne me touchera pas, même
pas du doigt.

L'an passé j'ai séduit un moine; j'ai séduit deux moines et une nonne pour me faire la main.

J'ai fait mon lit avec des plumes pour y coucher tous les passants.

Lady Macbeth apparaît – quels appas! quel apparât! – dans mes rêves; je dis cela pour
completer mon portrait.

De pied en cap, je suis un assez beau démon. J'aime vivre. On m'appelle Zénaïda ou n'importe
quoi. On fait tout ce qu'on veut de moi si je veux. Je veux toujours.

J'existe pourtant. [81]

Parages

Ainsi, la ville, sa prestance et ses feux, ses édifices lumineux, ses rues en longs rubans de peine, électrifiées, multicolores, stries brillantes, de toute part bornées par l'eau elle-même chevauchée de ponts clairs, de navires et de glaces basculantes, la ville aux recoins chauds, la ville aux portes d'ombre, la ville aux cent palais suspendus aux collines, la ville au gonfanon dissimulé par nous depuis deux siècles, la ville délétère, la ville fatiguée, ses cours honteuses et ses balourds quartiers où méditent nos enfants sauvages et fiers, l'Île feuillue de Cartier, de Marguerite et de Closse, où, chacun s'en souvient, l'arbre était iroquois, le loup prude et le vison timide, la ville de Marie, le bourg du Mont-Royal, des terres abordées la plus vaste et fertile, cette ville est aussi la ville de nature, la ville où tout s'étreint s'égare et se retrouve en un matin d'avril, dans un regard d'amour. [82]

Réginald Boisvert

Grand-Mère 1922 — Trois-Rivières 1985

Créateur des célèbres marionnettes Pépinot et Capucine, et de sept téléromans à grand succès, Réginald Boisvert publi en 1955, aux éditions éphémères Cité libre, le recueil *Temps de vivre*. Influencé par François Hertel, son mentor, sa poésie réaliste, simple et sensuelle est d'un ton familier. Une rétrospective, publiée à l'Hexagone, vient de révéler une œuvre plus dense, intense, lyrique. Né à Grand-Mère, il fait ses études secondaires à Drummondville; écrivain autodidacte et journaliste, seuls ses téléromans lui assurent une célébrité.

Seul

Passé le songe amer des mots, chacun disant ce qu'il croit dire,
La simple salutation du soleil, en ce moment sans cesse jeune du matin.

J'ai quitté le vain refuge de mon âme, et je dissipe en plein visage
Un peu d'amour aux patriarches, un peu de paix aux boulangères de village.

Il est selon notre art, ô frères, que la parole à nous donnée
Erre au carrefour des mots, dès le murmure même de la vie,

Et le soir, secrète et vaincue, rende son espoir comme un souffle
En chants divers, riches de leur jour, aux purs vivants du monde.

Ici, par les heures du soir, sous le joug du long silence,
Je fixe à votre insu la mer de vos moments de grâce, ou votre vie. [83]

Maurice Beaulieu

Ottawa 1924 — 1992

La langue de Maurice Beaulieu est épurée, mordante, sinueuse, surréaliste pour palper la nature, défier son destin et apprivoiser la terre. Né à Ottawa, fier de ses racines amérindiennes, il étudie dans la région d'Ottawa. Il est tour à tour journaliste au *Droit* et réalisateur à Radio-Canada, avant de devenir fonctionnaire à la direction de l'Office de la langue française du Québec, puis conseiller linguistique dans divers ministères à Québec, sa ville d'adoption. Il a publié *À glaise fendre* en 1957 et l'année suivante, *Il fait clair de glaise*. À sa mort, il préparait une rétrospective restée inédite.

J'étrenne le réel

Coutrier de mes mains
L'ouvrée de ma révolte
Et l'enrue de ma glaise

Je nomme joie
Ma saison

Don de clarté à soudre mort et froid
Abas de plénitude à genèse de moi

Je suis le souffrir de notre solitude
La joie de notre plénitude
Je suis le pain crû de cru

Ma douleur ma joie : ma toute-raison
Le futur aujourd'hui, ma saison

Ma faim criée, donnée
Je suis
De toute ma glaise amérindienne
Et future

Les arbres font cortège à ma joie
Je sens vivre les pierres
Je sens même la toundra s'accorder à ma joie

J'étrenne le réel. [84]

Gemma Tremblay

Saint-Moïse 1925 — Montréal 1974

Le Bas-du-Fleuve, ses forêts, ses saisons, ses tragédies tissent la toile de fond de la poésie descriptive, lyrique, nostalgique, fraternelle et musicale de Gemma Tremblay, tout imprégnée d'une foi religieuse qui l'enracine. Née à Saint-Moïse (Matapédia), elle fait ses humanités et un doctorat en musique chez les Ursulines de Québec; organiste et professeure, elle gagne difficilement sa vie à Montréal. Entre 1960 et 1972, elle publie neuf recueils qui lui valent quelques prix, mais peu d'attention. Une rétrospective est parue aux éditions de l'Hexagone (1989).

Carrousel

Toiture bleu azyme tarots du temps
je rejaillis sur l'enclume la peau rêche du fer
feu de furole au matin
où j'assiste touzelle de pétrolier
à l'échiffement de ma paix

Je tourne carrousel chevaux fougueux
j'ai des pics verts dans l'âme
je ris à tous ceux que je ne connais pas
l'atonie d'absence m'oppresse à peine
mes astres déroulent une longue litanie
de poésie sans fil
un cirque m'éreinte m'étourdit
pentagone frelaté aux brise-vent des bolides

Et si j'entreprenais d'aimer ma ville
telle une sœur inconnue que je décore
je dresserais une table de belles paroles
de mots d'ortolans
une table de famille sur le Mont-Royal
je la fêterais sous les antennes télévisées
près des voiliers de canards blancs
dans le cidre de pomme ₈₅

Impression

L'octobre des soleils défunts
sang dans les feuilles tourne à l'incendie
c'est moi volcan au cœur du bouleau
chorégraphe des bois mes racines pleurent
dans la gigue et le givre

Mes forêts sont des cheminées
en tournoiements
marbre du bouleau et tronc dans le vent
saison indienne ô festival
l'octobre des soleils défunts [86]

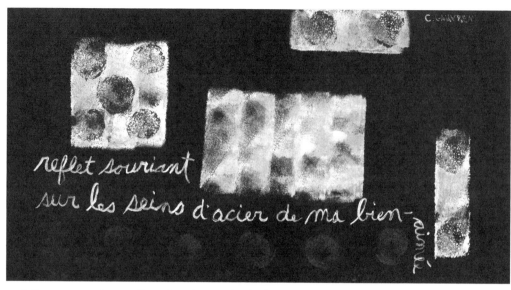

« Reflet souriant sur les seins d'acier de ma bien-aimée », huile sur panneau de bois, de Claude Gauvreau, circa 1950.

Claude Gauvreau

Montréal 1925 — Montréal 1971

L'hermétisme de la poésie de Claude Gauvreau, le recours au langage «exploréen» du courant surréaliste, le ton impératif, la frénésie extrême, l'imaginaire débridé, vif comme l'éclair, percutant à faire vibrer jusqu'aux tréfonds de l'être, tout dans son écriture déroute. L'avant-garde est sa seule vision, son unique combat. Son importante et imposante œuvre de dramaturge n'est jamais loin de son langage poétique. Polémiste, membre du groupe des Automatistes, signataire du manifeste *Refus Global* (1948) où sont publiés ses premiers objets poétiques, il suscite la controverse, l'hostilité, le ridicule. Son engagement est total, son écriture l'outil de son combat; rêves, fantasmes, dépassements de la matière, effritements du sens, du mot, tout est voies de découverte. Mal connu de son vivant, deux recueils sont publiés : *Sur fil métamorphose* (1956) et *Brochuges* (1957). Né à Montréal, il étudie d'abord au Collège Sainte-Marie puis à l'Université de Montréal en philosophie. Sa rencontre avec le peintre Paul-Émile Borduas en 1942 est déterminante. Il s'adonne lui-même au dessin automatiste. Sa «beauté baroque» s'étant suicidée en 1952, Gauvreau fait de multiples séjours dans des instituts psychiatriques; à son tour, il se suicide, rue Saint-Denis, à Montréal. Parti Pris a publié ses *Œuvres créatrices complètes* (1977). Depuis, des éditions critiques et de nombreuses autres publications rendent accessible cette œuvre protéiforme.

Contre le travail-corvée

Les marins ont étoffé la carène aux étuis protecteurs
Ils chantent le désastre des manquements de l'oëlle
La vie rit avec ses papillons couleur d'escabeaux
La mitraille abat les deniers qui trafiquent la néelle mariquotte
Le soir est dû à travers le pinautre
Non la dîme tète les veaux à tête
Le travail n'est pas liberté
Le travail est dans la liberté [87]

Jappement à la lune 8

ghédérassann omniomnemm wâkulé orod ècmon zdhal irchpt
laugouzougldefterrpanuclémenpénucleptadussel ferf folfoufaulô farmurerr a clô dzorr [88]

Ode à l'ennemi

Pas de pitié
les pauvres ouistitis
pourriront dans leur jus
Pas de pitié
le dos de la morue
ne sera pas ménagé
Cycle
Un tricycle
à ongles de pasteur
va jeter sa gourme
sur les autels de nos présidences
Pas de pitié!
Mourez
vils carnivores
Mourez
cochons de crosseurs de fréchets de cochons d'huiles de cochons de caïmans de ronfleurs de calices
   de cochons de rhubarbes de ciboires d'hosties de bordels de putains de saints-sacrcments
   d'hosties de bordels de putains de folles herbes de tabernacles de calices de putains
   de cochons
Le petit doigt
fera merveille
dans le fessier
de l'abbesse
Baisse
tes culottes
Nous ne sommes plus

des garçons

prévenants

Pas de pitié!

Les aubes ridubonlantcs

crèvent

et crèvent

et crèvent

l'odeur pâle

des maisons en chaleur

La dame

au doigt de porcelaine

se masturbe

sur les aines

de ma cravate

blasphémeuse

L'ouïe

Le rot des cochers

La diame-dame

luit

sur les parchemins de stupre

Les dos cadencés

protègent

les prunes puînées

Les prés

Les possédants

La puce de la mère supérieure
Le clos
des gens
ardents
La vedette râpe
son sperme
de femme
Oulllllll — Hahiya-diad-loup!
La loupe freinée
provoque
la diarrhée des sédentaires
Pas de pitié
Mourez chiens de gueux
Mourez baveurs de lanternes
Crossez fumiers de bourgeois!
La lèpre
oscille
dans vos cheveux
pourris
Crossez vos banalités
Sucez vos filles!
Pas de pitié
Mourez
dans votre gueuse d'insignifiance
Pétez
Roulez

Anthologie

Crossez
Chiez
Bandez
Mourez
Puez
Vous êtes des incolores
Pas de pitié! [89]

Primemaya

L'oiseau s'est envolé

et son gris plumage aux reflets d'hirondelle nage dans l'éther de mon souvenir

l'oiseau crie et rouspète

il n'en reste pas moins divin

il n'en reste pas moins sucré-avide

l'oiseau avait des plumes qui avaient la souplesse de l'argent

l'oiseau était un être

l'oiseau avait un avoir

sur les branches de la crispante taupe l'oiseau s'est échappé comme une araignée

sourire de duse

plan de flanelle

l'oiseau aux pattes d'archange vaissellé

était une primitive. [90]

Rémi-Paul Forgues

Montréal 1926 — Montréal 1982

Surréaliste et baroque à la fois, plongeant dans le rêve, l'inconscient, le minimalisme, la poésie de Rémi-Paul Forgues, née dans la mouvance automatiste, est ignorée jusqu'en 1974 alors qu'est publié son unique recueil : *Poèmes du vent et des ombres*, des écrits de 1942-1954. Toute son œuvre naît en parallèle avec le mouvement Automatiste et s'éteint avec lui. Né à Montréal, touche-à-tout, il fait des études disparates, suit même des cours avec François Hertel et Paul-Émile Borduas à Saint-Hilaire ; il est proche de la famille Gauvreau dont il subit l'influence. Une vie décousue, torturée et difficile.

Effervescence nocturne

Et le whisky
Danse
Danse
Comme une folie.
…

Et baigne dans l'ombre
L'albâtre
Et le nacre
Mon âme
Ivre des flores
D'Impossibles champs de fleurs d'or.
…

Un reflet lactescent
À travers les rideaux
Rouge sang
De hublot
Baigne mon âme
Au son des violons qui se pâment
Créature lunaire
Sur mon âme
De visionnaire
Tu vacilles
Comme une quille

Ivre d'air.
Dans le vertige
Je me baigne

Comme une tige
Dans la mer.
Et j'oublie les cités de fer
Que j'aime
Mais étouffantes
De notes stridentes
Et désaxées.
…

Et le whisky
Danse
Danse
Comme une folie. [91]

À mon cher ami,
Monsieur Gaëtan Dostie,

Hommage de bon
souvenir et de
sincère estime.
Rémi - Paul Forgues
Novembre 1974.

Poèmes
du vent et des ombres

Dédicace de Rémi-Paul Forgue, dans Poèmes du Vent et des ombres,
Montréal, L'Hexagone, 1974.

Wilfrid Lemoine

Coaticook 1927 — Granby 2003

Poésie quotidienne, que celle de Wilfrid Lemoine,
prosaïque, descriptive, ludique et parfois d'un tragique,
d'une dureté tranchante! Né à Coaticook, sa formation
académique est disparate, il en effectue même une partie
à Paris; journaliste de carrière, il entre au service de
Radio-Canada en 1954 où il est animateur de radio et
de télévision jusqu'à sa retraite. Il publie trois recueils
entre 1953 et 1963; récits et romans accaparent son écriture ensuite. Son œuvre est
restée éparse.

Les phares

Les phares d'une voiture découpaient le brouillard
Avec leurs dagues argentées
Et la silhouette d'un couple enlacé
Avançait lentement vers moi
Devant un réverbère myope auréolé de jaune
Perdu dans une étrange fumée
De gouttelettes volatiles
Je marchais dans ce monde flottant
D'un pas ferme et sonore
Où l'homme est moins qu'une ombre
L'amour moins qu'un regard
La rue plus qu'un chemin

Dans cette fumée réelle
Je retrouvais mon rêve
Des êtres qui bougent
Sans cesse et changent
Dans un éclairage capricieux

À deux pas de la silhouette
Je vis les rides sur deux visages
Tristes de vieillards froids
Et le brouillard continua de s'épaissir
Jusqu'à ce que je heurte du pied
Un gamin qui plantait des aiguilles
Dans le ventre d'un crapaud
Cette tache noire que j'avais cru tantôt
Être un ange de pierre
À la porte de l'église ₉₂

Sauf le museau du renard

Sauf le museau du renard
Nerveux comme l'oiseau
Sauf l'étoile qui brûle
Flamme dure dans la glace
Sauf l'oiseau magnétique
Affolé dans l'espace
Sauf les chutes en phantasmes
Dans les rêves du délire
Sauf le moteur emballé
Qui ronge les bords du monde
Sauf le frisson de l'enfui
Sauf la chasse des ombres

Trop aigu le couteau de balance
Les fléaux s'agitent
Rien ne s'équilibre aujourd'hui
Les contrepoids s'exaltent
L'espace m'aspire de partout

Sauf toi

Chaudement conduis-moi dans l'amour du sextant [93]

PIERRE PERRAULT

escollectionparolescollectionparolescollectionparolescolle

18

EN DÉSESPOIR DE CAUSE

poëmes de circonstances atténuantes

*Page couverture d'*En désespoir de cause : poèmes de circonstances atténuantes *de Pierre Perrault, Montréal, Parti Pris, 1971.*

LE VISAGE HUMAIN

D'UN FLEUVE SANS ESTUAIRE

suivi de

NAGUÈRE

à l'ami D'Hootie

un tout petit poème
pour dire un grand fleuve —
— Trop grand pour moi

[signature]

16-12-98

Dédicace de Pierre Perrault, dans Le Visage humain d'un fleuve
sans estuaire, Écrits des Forges, 1998.

Pierre Perrault

Montréal 1927 — Ville Mont-Royal 1999

Voici un créateur plus grand que nature, un homme de verbe, de parole, d'engagement et d'images. L'œuvre cinématographique capitale de Pierre Perrault est inséparable de sa poésie, de son théâtre et de ses essais militants. Sa passion pour la nature, le fleuve, la nordicité, les êtres vrais et simples, le pays à bâtir, toute sa vie, déteint sur son écriture, ample, incantatoire, torrentielle, scintillante comme des cristaux de neige. Un personnage merveilleux, charismatique, éblouissant. Né à Montréal, il fait ses études classiques au Collège André-Grasset et au Collège Sainte-Marie. Il étudie le droit d'abord à Montréal, puis à Toronto ; il ne pratiquera jamais. Son œuvre cinématographique monumentale, réunie en coffrets dans les dernières années de sa vie, rejette dans l'ombre les cinq recueils de poésie qu'il a fait paraître depuis 1961. Deux tomes de rétrospective ont été publiés à l'Hexagone : *Chouennes* en 1975 et *Gélivures* en 1977 ; un autre est attendu.

Bestiaire

Le chant des grillons
enterre celui des grenouilles.

La nuit fait son lit
dans les odeurs permises.

Les pas du loup-cervier
fleurissent les effrois.

Les lièvres sortent
de l'ombre, et s'y noient.

C'est le temps des foins
et des lys d'eau,
du soir encore plus beau
que le matin.

Le vent comme un hibou
sur le ventre lisse de l'eau...
Alors les insectes répondent
de leur multitude.

J'ai placé le couvert
sur la nappe du silence…
les fourmis n'ont pas
fait la différence

et les bœufs du crépuscule
m'ont pesamment enseigné
le rouge de la lenteur. [94]

Pour dormir à l'étoile

Pour dormir à l'étoile pour fêter le désir tenu secret tout un hiver

pour tenir tête aux cornes d'ivoire

pour semer l'épouvante et l'emporte-pièce

pour posséder enfin les quatre bornes de l'amour migrateur

pour tout l'instant propice ils n'ont que ce navire de leur corps étroit et l'œil inoccupé
    par le regard et la place aussi prise d'assaut par les convoitises et les armes blanches qui
    ne se donnent qu'à la force brute

mais sans l'accouplement des membres n'existent pas le navire ni le long cours

et les couples des vaisseaux nous assiègent de leur symétrie calculée cherchant à rendre les armes
    à contourner la biologie impérieuse

prévenant l'ombre propice de ses parfums

convoquant la gêne chaleureuse

et les mots perdent pied

et le temps en péril plane sur la surprise

et les yeux à tâtons découvrent le secret palpitant des fresques rupestres où l'ocre domine
    à l'abri du grand jour récitant les grandes séquences de cornes et de fronts remontées
    de la préhistoire jusqu'au bord du moindre accouplement du moindre embarquement

à ta bouche obscure une neige palpite et ne se rend pas

est-il rien à comprendre à ce dessein rebelle et sanglant qui dessine sur le bouclier des toundras
    au seuil de notre âge et de nos appartenances ses stratégies rudimentaires

échapperons-nous un jour mon amour à l'amour qui nous affronte pour nous surpasser [95]

FERNAND DUMONT

L'ANGE
DU
MATIN

LES ÉDITIONS DE MALTE
ANDRÉ ROCHE

Page couverture de L'ange du matin *de Fernand Dumont,*
Montréal, Éditions de Malte, 1952.

Fernand Dumont

Montmorency 1927 — 1997

L'œuvre fondamentale de ce sociologue et essayiste
est telle que sa poésie toute lyrique, deux recueils
parmi la cinquantaine de publications, passe au second
plan. Pourtant, quelle fraîcheur! Quelle spontanéité!
Quelle densité! Né à Montmorency, Fernand
Dumont étudie à l'Université Laval, puis à Paris.
Professeur à l'Université Laval dès 1955, il est directeur
de l'Institut supérieur des sciences humaines en 1972. Son œuvre sociologique
a un retentissement international et lui vaut de prestigieux prix.

Qu'importe le limon

Qu'importe le limon aux pieds de nos plaisirs
La vision des essaims de l'éternelle soif
Et l'abjection où grouillent les cadavres des morts
Puisque j'ai souhaité la trace de ton sang

Les heures couleront à la lampe de l'attente
Le jour rejoindra les eaux de ma prière
Je ne sais si tu viendras
Comme le premier soleil à la mort de la nuit

Mais dans les hautes herbes du miroir des ténèbres
Comme l'oiseau rauque guidé par son chagrin
Toujours je chercherai le vieux sentier perdu
Parfois jonché du tonnerre de ton amour 96

Thérèse Renaud

Montréal 1927 — Paris, France 2005

Une poésie surréaliste, ironique, coquine, amoureuse.
Née à Montréal, Thérèse Renaud fait ses études
secondaires à Outremont, puis des cours de chant et
de théâtre. À seize ans, la poésie et la peinture la fascinent ;
elle fait la connaissance des Automatistes, assiste à leurs
rencontres, signe le manifeste *Refus Global* (1948).
En 1946, elle publie *Les Sables du rêve*, la première œuvre
automatiste illustrée par Jean-Paul Mousseau aux *Cahiers de la file indienne* ; sept autres
recueils paraîtront, entrecoupés d'essais et de romans. Épouse du peintre Fernand
Leduc, elle vit en France presqu'exclusivement à partir de 1947. Elle y décède en 2005.

Écoutez ma chanson

Écoutez ma chanson d'enfant goudron :
  Je suis petit poucet
et j'ai les pouces nets
  Je suis grande vitesse
et sans avoir de fesses
   je m'assieds
   sur les pieds
   Je connais les espaces
et m'enfonce dans les tasses

  Quand je bâille en pleurant
je m'en vais embrassant
les herbes des fouets-plaisirs
et quand je semble rire
c'est que je marche sur l'asphalte-désir

  Je n'ai jamais rêvé
sans m'entendre appeler
et n'ai d'amour
que pour les chats et les ours. [97]

J'ai un chat fondant

J'ai un chat fondant comme un cri entre mes mains.

Si je le caresse il se change en soleil brûlant qui me force à l'abandonner.

Si je lui coupe la queue, une femme me dit :
– Tu te ronges les ongles pour te faciliter la fuite.

Mais si je le regarde il me prend dans ses yeux et me berce jusqu'à l'extase.

J'ai un chat noir cruel et féroce fondant comme une chandelle de cire. [98]

Fragment de la vallée

Pays de jointures et de fractures
vallée de l'Archambault
étroite comme les hanches d'une femme maigre

– diamantaire clarté
les échos comme des oiseaux cachés –

sur tes pentes hirsutes
la courbure séculaire des hommes
contre la face empierrée des printemps montagneux

– je me défais   à leur encontre
de la longue   lente   prostration des pères –

dans l'éclair   racine nocturne
le firmament se cabre   et de crête en crête
va la corneille au vol balourd

– émouvante voix de balise

Gaston Miron

«Fragment de la vallée», manuscrit de Gaston Miron.

Gaston Miron

Sainte-Agathe-des-Monts 1928 — Montréal 1996

Légende, monument de la poésie québécoise, l'œuvre poétique de Gaston Miron, rassemblée dans *L'Homme rapaillé*, ne laisse pas soupçonner l'envergure du personnage. Homme charismatique, fougueux, habité d'une passion contagieuse, son influence est déterminante en littérature; notamment, en janvier 1965, inspirant l'équipe de Parti Pris qui décrète l'inscription désormais de notre littérature comme «québécoise», il est celui qui l'impose par son action éditoriale, ici et sur la scène internationale. En publiant avec Olivier Marchand, *Deux sangs*, en 1953, Miron ignorait donner naissance à la plus importante et prestigieuse maison d'édition de poésie toujours vivante : L'Hexagone. Son œuvre est inséparable de sa vie, aussi cette poésie c'est le cheminement même du poète, sa condition d'homme, ses douleurs, sa solitude, ses amours. Le militant pour l'indépendance du Québec traduit en poésie son combat avec des accents envoûtants, rassembleurs, persuasifs, des hymnes pour moduler l'avenir. Né à Sainte-Agathe-des-Monts, il fait ses humanités à Granby, son cours en sciences sociales à l'Université de Montréal, puis il travaille dans le domaine du livre. Il étudie les arts graphiques à l'École Estienne de Paris, s'occupe presque en dilettante de l'Hexagone, gagnant difficilement sa vie, travaillant tour à tour pour un réseau de distribution et diverses maisons d'édition, en particulier Leméac. Miron s'adonne à la poésie depuis l'âge de quatorze ans; durant les années soixante, il est déjà un personnage considérable, admiré; les jeunes du Front de libération du Québec (FLQ) s'en réclament; il sert de catalyseur et de rassembleur pour «Chants et poèmes de la résistance» (1968), créés pour financer les prisonniers politiques, devenus en 1970 le film *La nuit de la poésie*. Son œuvre poétique elle-même est rassemblée par Jacques Brault et publiée aux Presses de l'Université de Montréal à la veille de la crise d'Octobre 70, au cours de laquelle il est fait prisonnier politique dans la rafle du 16 octobre, veille de la mort de Pierre Laporte. Sa notoriété est telle que les prix pleuvent presque, ici comme ailleurs. Certains de ses poèmes sont l'objet de livres d'artiste; en particulier sa *Marche à l'amour*, publiée par son ami Roland Giguère, illustrée par Léon Bellefleur, est un joyau d'édition. Sa gloire ne l'ayant guère enrichi, sa pauvreté légendaire lui rogne les ailes trop souvent, mais ne le prive pas de l'adulation que lui voue le Québec en émergence. À sa mort à Montréal, le Québec lui offre des funérailles nationales; il est enterré dans son village natal. Ses poèmes sont depuis magnifiés par la chanson, les lectures et autres manifestations publiques; il est l'objet de nombreux films documentaires et autres documents multimédias. Son influence et son mythe ne cessent de grandir; l'usage citoyen de son nom s'accélère; l'ensemble de son œuvre, sous le titre *L'Homme rapaillé*, est aussi publiée en France, aux États-Unis, en Italie notamment. Traduit dans plus d'une trentaine de langues, c'est le poète québécois le plus universellement connu, figurant dans le plus grand nombre d'anthologies internationales. Sa dernière compagne, Marie-Andrée Beaudet, a publié un exceptionnel album (2006) à l'Hexagone et une exposition, à la Grande Bibliothèque, s'est ouverte le jour anniversaire de sa mort.

La corneille

Corneille, ma noire
corneille qui me saoules
opaque et envoûtante
venue pour posséder ta saison et ta descendance

Déjà l'été goûte un soleil de mûres
déjà tu conjoins en ton vol la terre et l'espace
au plus bas de l'air de même qu'en sa hauteur
et dans le profond des champs et des clôtures
s'éveille dans ton appel l'intimité prochaine
du grand corps brûlant de juillet

Corneille, ma noire
parmi l'avril friselis

Avec l'alcool des chaleurs nouvelles
la peau s'écarquille et tu me rends
bric-à-brac sur mon aire sauvage et fou braque
dans tous les coins et recoins de moi-même

j'ai mille animaux et plantes par la tête
mon sang dans l'air remue comme une haleine

Corneille, ma noire jusqu'en ma moelle
Tu me fais prendre la femme que j'aime
du même trébuchant et même tragique
croassement rauque et souverain
dans l'immémoriale et la réciproque
secousse des corps

Corneille, ma noire [99]

La marche à l'amour

Tu as les yeux pers des champs de rosées
tu as des yeux d'aventure et d'années-lumière
la douceur du fond des brises au mois de mai
dans les accompagnements de ma vie en friche
avec cette chaleur d'oiseau à ton corps craintif
moi qui suis charpente et beaucoup de fardoches
moi je fonce à vive allure et entêté d'avenir
la tête en bas comme un bison dans son destin
la blancheur des nénuphars s'élève jusqu'à ton cou
pour la conjuration de mes manitous maléfiques
moi qui ai des yeux où ciel et mer s'influencent
pour la réverbération de ta mort lointaine
avec cette tache errante de chevreuil que tu as

tu viendras tout ensoleillée d'existence
la bouche envahie par la fraîcheur des herbes
le corps mûri par les jardins oubliés
où tes seins sont devenus des envoûtements
tu te lèves, tu es l'aube dans mes bras
où tu changes comme les saisons
je te prendrai marcheur d'un pays d'haleine
à bout de misères et à bout de démesures
je veux te faire aimer la vie notre vie
t'aimer fou de racines à feuilles et grave
de jour en jour à travers nuits et gués
de moellons nos vertus silencieuses

je finirai bien par te rencontrer quelque part
bon dieu!
et contre tout ce qui me rend absent et douloureux
par le mince regard qui me reste au fond du froid
j'affirme ô mon amour que tu existes
je corrige notre vie

nous n'irons plus mourir de langueur
à des milles de distance dans nos rêves bourrasques
des filets de sang dans la soif craquelée de nos lèvres
les épaules baignées de vols de mouettes
non
j'irai te chercher nous vivrons sur la terre
la détresse n'est pas incurable qui fait de moi une épave de dérision, un ballon d'indécence
un pitre aux larmes d'étincelles et de lésions profondes
frappe l'air et le feu de mes soifs
coule-moi dans tes mains de ciel de soie
la tête la première pour ne plus revenir
si ce n'est pour remonter debout à ton flanc
nouveau venu de l'amour du monde
constelle-moi de ton corps de voie lactée
même si j'ai fait de ma vie dans un plongeon
une sorte de marais, une espèce de rage noire
si je fus cabotin, concasseur de désespoir

j'ai quand même idée farouche
de t'aimer pour ta pureté
de t'aimer pour une tendresse que je n'ai pas connue

dans les giboulées d'étoiles de mon ciel
l'éclair s'épanouit dans ma chair
je passe les poings durs au vent
j'ai un cœur de mille chevaux-vapeur
j'ai un cœur comme la flamme d'une chandelle
toi tu as la tête d'abîme douce n'est-ce pas
la nuit de saule dans tes cheveux
un visage enneigé de hasards et de fruits
un regard entretenu de sources cachées
et mille chants d'insectes dans tes veines
et mille pluies de pétales dans tes caresses

tu es mon amour
ma clameur mon bramement
tu es mon amour ma ceinture fléchée d'univers
ma danse, carrée des quatre coins d'horizon
le rouet des écheveaux de mon espoir
tu es ma réconciliation batailleuse
mon murmure de jours à mes cils d'abeille
mon eau bleue de fenêtre
dans les hauts vols de buildings mon amour
de fontaines de haies de ronds-points de fleurs

tu es ma chance ouverte et mon encerclement
à cause de toi
mon courage est un sapin toujours vert
et j'ai du chiendent d'achigan plein l'âme
tu es belle de tout l'avenir épargné
d'une frêle beauté soleilleuse contre l'ombre
ouvre-moi tes bras que j'entre au port
et mon corps d'amoureux viendra rouler
sur les talus du mont Royal
orignal, quand tu brames orignal
coule-moi dans ta palinte osseuse
fais-moi passer tout cabré tout empanaché
dans ton appel et ta détermination

Montréal est grand comme un désordre universel
tu es assise quelque part avec l'ombre et ton cœur
ton regard vient luire sur le sommeil des colombes
fille dont le visage est ma route aux réverbères
quand je plonge dans les nuits de sources
si jamais je te rencontre fille
après les femmes de la soif glacée
je pleurerai te consolerai
de tes jours sans pluies et sans quenouilles
des circonstances de l'amour dénoué

Anthologie

j'allumerai chez toi les phares de la douceur
nous nous reposerons dans la lumière
de toutes les mers en fleurs de manne
puis je jetterai dans ton corps le vent de mon sang
tu seras heureuse fille heureuse
d'être la femme que tu es dans mes bras
le monde entier sera changé en toi et moi

la marche à l'amour s'ébruite en un voilier
de pas voletant par les lacs de portage
mes absolus poings
ah violence de délices et d'aval
j'aime
      que j'aime
           que tu t'avances
                ma ravie
frileuse aux pieds nus sur les frimas de l'aube
par ce temps profus d'épilobes en beauté
sur ces grèves où l'été
pleuvent en longues flammèches les cris des pluviers
harmonica du monde lorsque tu passes et cèdes
ton corps tiède de pruche à mes bras pagayeurs
lorsque nous gisons fleurant la lumière incendiée
et qu'en tangage de moisson ourlée de brises
je me déploie sur ta fraîche chaleur de cigale
je roule en toi

tous les saguenays d'eau noire de ma vie
je fais naître en toi
les frénésies de frayères au fond du cœur d'outaouais

puis le cri de l'engoulevent vient s'abattre dans ta gorge
terre meuble de l'amour ton corps
se soulève en tiges pêle-mêle
je suis au centre du monde tel qu'il gronde en moi
avec la rumeur de mon âme dans tous les coins
je vais jusqu'au bout des comètes de mon sang

haletant
      harcelé de néant
           et dynamitéde
petites apocalypses
les deux mains dans les furies dans les féeries
ô mains
ô poings
comme des cogneurs de folles tendresses

mais que tu m'aimes et si tu m'aimes
s'exhalera le froid natal de mes poumons
le sang tournera ô grand cirque
je sais que tout amour
sera retourné comme un jardin détruit
qu'importe je serai toujours si je suis seul
cet homme de lisière à bramer ton nom

éperdument malheureux parmi les pluies de trèfles
mon amour ô ma plainte
de merle-chat dans la nuit buissonneuse
ô fou feu froid de la neige
beau sexe léger ô ma neige
mon amour d'éclairs lapidée

morte
dans le froid des plus lointaines flammes

puis les années m'emportent sens dessus dessous
je m'en vais en délabre au bout de mon rouleau
des voix murmurent les récits de ton domaine
à part moi je me parle
que vais-je devenir dans ma force fracassée
ma force noire du bout de mes montagnes
pour te voir à jamais je déporte mon regard
je me tiens aux écoutes des sirènes
dans la longue nuit effilée du clocher de Saint-Jacques

et parmi ces bouts de temps qui halètent
me voici de nouveau campé dans ta légende
tes grands yeux qui voient beaucoup de cortèges
les chevaux de bois de tes rires
tes yeux de paille et d'or
seront toujours au fond de mon cœur
et ils traverseront les siècles

je marche à toi, je titube à toi, je meurs de toi
lentement je m'affale de tout mon long dans l'âme
je marche à toi, je titube à toi, je bois
à la gourde vide du sens de la vie
à ces pas semés dans les rues sans nord ni sud
à ces taloches de vent sans queue et sans tête
je n'ai plus de visage pour l'amour
je n'ai plus de visage pour rien de rien
parfois je m'assois par pitié de moi
j'ouvre mes bras à la croix des sommeils
mon corps est un dernier réseau de tics amoureux
avec à mes doigts les ficelles des souvenirs perdus
je n'attends pas à demain je t'attends
je n'attends pas la fin du monde
je t'attends dégagé de la fausse auréole de ma vie ₁₀₀

Georges Cartier

L'Assomption 1929 — Montréal 1994

La poésie lyrique, humoristique, incantatoire de
Georges Cartier toute fascinante qu'elle puisse être,
disparaît derrière la gloire d'avoir fondé, en 1967, la
Bibliothèque nationale du Québec et de l'avoir dirigée
à deux reprises, assurant même la transition vers la
création de ce qu'est la « Grande Bibliothèque » de
Montréal. Ses romans et récits ont plus fait leur marque
que ses quatre recueils publiés entre 1954 et 1956, et réunis dans *Les Chanteaux* (1976).
Un recueil posthume, en édition privée, prolonge magnifiquement cette écriture
célébrant la femme. Né à L'Assomption, il y fait ses études classiques, puis il étudie en
lettres et en bibliothéconomie à l'Université de Montréal. Il travaille à la bibliothèque
de l'UNESCO avant son retour au Québec en 1964.

Les bretteux

Boustifaille de bretteux
bestioles à braguettes
à bestiaux à baiser
bestivrillez-vous donc
sans bretelles à brettes
la bête à deux bries!

Oh bande de tipufices
qui la messe érabillée
estoqués au vieux quai
bedonnez à voir barder
tapettes et vibraulices!

Bric-à-brac de cul-de-sac
où brille la broche à foin
sèche la broue des brindilles
sous la brouette qui broute
la bravade des bretteux! [101]

A Gaétan,

grâce à qui s'est cristallisé
ce livre,

l'exemplaire "D", naturel-
lement, pour en bien
marquer la propriété
dostienne,

avec ma gratitude pour
l'intérêt qu'il a manifesté
et l'encouragement qu'il
m'a apporté,

surtout

avec mon amitié!

Georges Cartier

Dédicace de Georges Cartier, dans Chanteaux, *Éditions La Presse, 1976.*

Roses et ronces

Rosace rosace les roses
roule mon cœur au flanc de la falaise
la plus dure paroi de la vie s'écroule
et du plus haut des minarets jaillissent
les cris blancs et aigus des sinistrés

du plus rouge au plus noir feu d'artifice
se ferment les plus beaux yeux du monde

rosace les roses les roses et les ronces
et mille et mille épines
dans la main où la perle se pose

une couronne d'épines où l'oiseau se repose
les ailes repliées sur le souvenir d'un nid bien fait

la douceur envolée n'a laissé derrière elle
qu'un long ruban de velours déchiré

rosace rosace les roses
les jours où le feu rampait sous la cendre
pour venir s'éteindre au pied du lit
offrant sa dernière étoile pour une lueur d'amour
le temps de s'éteindre
et la dernière chaleur déjà s'évanouissait
sous nos yeux inutiles

la nuit se raidissait dure jusqu'à l'aube

rosace les roses les roses et les ronces
le cœur bat comme une porte
que plus rien ne retient dans ses gonds
et passe librement tous les malheurs
connus et inconnus
ceux que l'on n'attendait plus
ceux que l'on avait oubliés reviennent
en paquets de petites aiguilles volantes
un court instant de bonheur égaré
des miettes de pain des oiseaux morts de faim
une fine neige comme un gant pour voiler la main
et le vent le vent fou le vent sans fin balaie
balaie tout sauf une marée de larme
qui toujours est là et nous dévisage

c'est la ruine la ruine à notre image

nous n'avons plus de ressemblance
qu'avec ces galets battus aux racines tordues
fracassés par une armée de vagues qui se ruent
la crête blanche et l'écume aux lèvres

rosace les ronces !

rosace les roses les roses et les ronces
les anges et les noirs les roses les roses
te roseaux les rameaux les ronces
les rameaux tes roseaux les roses

sous les manteaux sous les manteaux sous les barreaux
l'eau blême l'eau morte d'aurore et le sang des garrots

rosace les roses les roses et les ronces
et cent mille épines !
roule mon cœur dans la poussière de minerai
l'étain le cuivre l'acier l'amiante le mica
petits yeux de mica de l'amante d'acier trempé jusqu'à l'os
petits yeux de mica cristallisés dans une eau salée
de lame de fond et de larmes de feu
pour un simple regard humain trop humain

rosace les roses les roses et les ronces
il y avait sur cette terre tant de choses fragiles
tant de choses qu'il ne fallait pas briser
pour y croire et pour y boire
fontaine aussi pure aussi claire que l'eau
fontaine maintenant si noire que l'eau est absente

rosace les ronces
ce printemps de glace dans les artères
ce printemps n'en est pas un
et quelle couleur aura donc le court visage de l'été ?

Roland Giguère

« Roses et ronces », manuscrit de Roland Giguère tiré des Armes blanches, *1954, transcrit en 1998.*

Roland Giguère

Montréal 1929 — Montréal 2003

Une poésie et une œuvre graphique et picturale lumineuses, envoûtantes, lyriques, surréalistes. Personnage discret, timide, son œuvre, son influence, son prestige sont pourtant déterminants. En publiant *Faire naître* en 1949, illustré par son professeur Albert Dumouchel, non seulement Roland Giguère inaugure-t-il ce qui est la plus importante et prestigieuse maison d'édition d'art, « Erta », mais il publie l'un des premiers livres d'artiste du Canada; référence pour l'exceptionnel niveau d'originalité et d'excellence de ses livres, sa poésie est tout autant fondatrice. La publication, en 1954, du poème *Roses et ronces* est un moment dans l'histoire de notre littérature; sa rétrospective, *L'Âge de la parole* (1965), titre prémonitoire de l'effervescence qui se vit, lui vaut la reconnaissance de ses pairs et enfin, une certaine notoriété. Bien sûr influencé par les surréalistes, il en est membre et est un ami d'André Breton. La poésie de Giguère transmue ses racines en proses poétiques évoquant la petite noirceur et, en accroche-cœurs charnels désespérés, des mélodies du vide, de l'errance, du rêve. Au début des années cinquante, ses dessins émergent des marges de ses manuscrits, puis prennent de plus en plus de place, illustrent ses livres : naît alors un des grands artistes de ce temps. Son immense œuvre picturale lui vaut le grand prix du Québec, Paul-Émile-Borduas, et sa poésie le prix Athanase-David; il est le seul à recevoir cet honneur à deux reprises; au lendemain de la crise d'Octobre 70, il refuse le prix du Gouverneur général du Canada. Né à Montréal en 1929, il étudie à l'école Saint-Viateur, puis à l'École des Arts graphiques de Montréal et à l'École Estienne à Paris où il séjourne à quelques reprises jusqu'en 1957. Il a publié quelque vingt recueils, dont plusieurs rétrospectives à L'Hexagone. Il s'est suicidé à Montréal en 2003. La chanson de Chloé Sainte-Marie vient de redonner vie à sa poésie injustement négligée.

J'erre

Je ne vous suis plus

je ne vous suis plus dévoué
je ne vous suis plus fidèle
j'erre à ma guise enfin
hors des sentiers bénis

j'erre aux confins de ma vie

j'aime aussi
comme je n'ai jamais aimé
la ligne courbe du destin
le silence des puits

j'erre
malgré tout ce que je dis
entre le début et la fin
entre vos mains tendues
et vos yeux qui se ferment
sous le poids de minuit

j'erre
parmi mes oiseaux favoris
les herbes fines qui se lèvent
au jour dit

j'erre
parmi les pauvres ormes
et les pins dégarnis
sans voir le sapin qui jaunit

j'erre parmi mes amis les meilleurs
que pourtant je tiens pour vigies

mais j'erre

j'erre toujours entre vos dires

j'erre pour ne pas mourir. [102]

J'imagine

Je vous imagine tels que vous êtes
à la fin de cette longue chasse
la langue morte et l'arme au fourreau
vêtus de la peau des autres
vos gants en plumes de corbeau autour du cou
la haine en laisse

on vous croyait rois vous étiez fous

autour de vous naissaient les orties
qui pourrissaient votre lit
et vos pas devenaient fossiles
dans nos musées moisis

je vous imagine mais je vous détruis
sur vos autels mêmes que nous avons fleuris

notre sang était votre lait quotidien
que vous suciez jusqu'à la lie

nos lendemains étaient sans jour
tant cette nuit nous pesait
et pourtant ce puits avait sa plage
avec ses coquillages profonds ses sables sereins

la vague qui devait nous emporter se faisait attendre
et nous durions

j'imagine mais c'est la vérité que j'imagine
avec la rose et la cétoine
l'abeille et le tyran mélancolique

vos suppliques inutiles roulaient
dans la vasque de notre espoir

nous avions le rouge en tête

nous étions fous aussi
mais fous de nos amours fous de notre liberté
et pour ne pas crier
nous écrivions sur nos murs
des lettres voyantes en capitales éclairées. [103]

Roses et ronces

Rosace rosace les roses
roule mon cœur au flanc de la falaise
la plus dure paroi de la vie s'écroule
et du haut des minarets jaillissent
les cris blancs et aigus des sinistrés

du plus rouge au plus noir feu d'artifice
se ferment les plus beaux yeux du monde

rosace les roses les roses et les ronces
et mille et mille épines
dans la main où la perle se pose

une couronne d'épines où l'oiseau se repose
les ailes repliées sur le souvenir d'un nid bien fait

la douceur envolée n'a laissé derrière elle
qu'un long ruban de velours déchiré

rosace rosace les roses
les jours où le feu rampait sous la cendre
pour venir s'éteindre au pied du lit
offrant sa dernière étoile pour une lueur d'amour
le temps de s'étreindre
et la dernière chaleur déjà s'évanouissait
sous nos yeux inutiles

Anthologie

la nuit se raidissait dure jusqu'à l'aube

rosace les roses les roses et les ronces
le cœur bat comme une porte
que plus rien ne retient dans ses gonds
et passent librement tous les malheurs
connus et inconnus
ceux que l'on n'attendait plus
ceux que l'on avait oubliés reviennent
en paquets de petites aiguilles volantes
un court instant de bonheur égaré
des miettes de pain des oiseaux morts de faim
une fine neige comme un gant pour voiler la main
et le vent le vent fou le vent sans fin balaie
balaie tout sauf une mare de boue
qui toujours est là et nous dévisage

c'est la ruine la ruine à notre image

nous n'avons plus de ressemblance
qu'avec ces galets battus ces racines tordues
fracassés par une armée de vagues qui se ruent
la crête blanche et l'écume aux lèvres

rosace les ronces!

rosace les roses les roses et les ronces
les rouges et les noires les roses les roses
les roseaux les rameaux les ronces
les rameaux les roseaux les roses
sous les manteaux sous les marteaux sous les barreaux
l'eau bleue l'eau morte l'aurore et le sang des garrots

rosace les roses les roses et les ronces et cent mille épines!

roule mon cœur dans la poussière de minerai
l'étain le cuivre l'acier l'amiante le mica
petits yeux de mica de l'amante d'acier trempé

jusqu'à l'os

petits yeux de mica cristallisés dans une eau salée de lame de fond et de larmes de feu

pour un simple regard humain trop humain

rosace les roses les roses et les ronces

il y avait sur cette terre tant de choses fragiles tant de choses
qu'il ne fallait pas briser

pour y croire et pour y boire

fontaine aussi pure aussi claire que l'eau
fontaine maintenant si noire que l'eau est absente

rosace les ronces

ce printemps de glace dans les artères ce printemps n'en est pas un
et quelle couleur aura donc le court visage de l'été? [104]

MICHEL VAN SCHENDEL

Pour Gaëtan,

choses nues passage

avec mes compliments admiratifs

Michel v S
4/3/04

l'HEXAGONE

Dédicace de Michel van Schendel dans Choses nues passage, *Montréal, l'Hexagone, 2004.*

Michel van Schendel

Asnières-sur-Seine, France 1929 — Montréal 2005

Entre rigueur et musicalité, passé une tentation formaliste, la poésie de Michel van Schendel emprunte les sentiers incantatoires, aborde la mythologie sous un angle socialiste, s'en sert pour jauger notre époque, nos mœurs, ondule en un rythme somptueux. Né à Asnières-sur-Seine (France), il étudie en lettres, en droit et en sciences économiques à Paris. Arrivé à Montréal en 1952, il mène d'abord une carrière de journaliste, de scénariste, pour, en 1962, devenir pédagogue, d'abord à l'Université de Montréal, puis à l'UQÀM, dont il est un des fondateurs. Son implication dans le syndicalisme est exemplaire et influence sa poésie même; il participe à la fondation et dirige plusieurs revues, en particulier *Socialisme* auquel il accole l'épithète «québécois» au lendemain d'«Octobre 70», avec ce célèbre numéro où, pour la première fois, est démasquée la crise. Sa poésie, dès 1958, alors qu'il publiait ses *Poèmes de l'Amérique étrangère*, a pris une ampleur considérable depuis sa retraite de l'enseignement et coïncide avec sa participation assidue aux *Mardis des Poètes de Port-Royal*. Le poème *Un regret* est le dernier poème publié et récité, quelque temps avant sa mort. En 2003, il reçoit le grand prix Athanase-David couronnant une œuvre littéraire.

Accroître

Je t'écris une lettre
Qui ne te parviendra jamais
Si elle mourait vers toi
Tu devrais la déchirer

Elle te dirait le fil et l'os
Les coutures de misère
Sur le dos de l'âme
Et comme nous fûmes égrenés
Dans les fosses éblouies
Les maîtres n'ont pas ri
Leur intelligence est d'oubli
Ils ont mis la croix dessus
Mais la croix pesait trop lourd
Ils l'ont brûlée au blanc de chaux

Je t'écris l'effilochure
Des humiliés du temps
Une étoile de papier l'a traversé
Il a couché sur les journaux
Cravate drue et peigne fin
Par tornade la fenêtre entreclaquée
Il s'éveilla comme en prison
Puis disputa le pain d'oiseau
Sur les pelouses mortes

L'engelure
La crevasse au doigt
La plaie la bosse et la défense
D'entendre et avoir chaud
Crâner au vent
Le ciel en poche
Et pourtant le vent
Comme une odeur d'idée de faim
Comme au ventre et au cerveau
Damer la dalle et la caboche
À songe creux à pleines mains
Cassez-moi ça je raille
Le mors à l'âme pas d'édredon
Au fer à la chienlit
Mais la bague de fierté
Mais la tendresse dépliée
À joue à feu
Tête droite un peu penchée

Tu le sais tu le sauras [105]

Un regret

Laisse-le
Il vient
Laisse-lui
La pluie le printemps le buis l'ombre
Laisse l'étreinte et l'ombre aux mots
Laisse à leurs voix la rue et l'enfant
Laisse à cet homme le repos
Laisse-le
Laisse-nous

Laisse les mots au temps
Laisse l'ombre s'éblouir
Ne l'éreinte pas
Laisse le jour entrer
Laisse l'aube à l'ami

Laisse l'empreinte sur la peau
Laisse l'eau venir aux mains
Laisse l'oubli aux morts
Souviens-toi
Laisse à la poussière la devise qui le dit
Un mot d'ordre le floue
Laisse le doigt dessiner
Le midi de l'os le vif et la mémoire

Laisse la hache et le bruit.
Laisse la tête détruite
Laisse à la boue celui qui l'a détruite
Écarte-les
Laisse un fusil se tourner contre lui
Laisse transi l'artificier
Laisse au rebut les désirs d'éboulis

Laisse l'enfant près du mourant
Qu'il grandisse et l'enseigne le remplace
Qu'il l'augmente et l'écoute le récite
Laisse-le prendre la route
Semer le vent

Laisse vivre
Assèche le sel
Laisse la sève
Laisse un rosier près de la vigne
Laisse le sang monter aux joues
Laisse les yeux former le mur
Laisse la rue quêter les fleurs

Et regrette
De ne pouvoir être
À la ville et au moulin
Au four et aux charmilles

Au mors aux caresses à la mer
Quand il les faut en même temps
Regrette
La pierre et le laurier jetés aux cendres
Regrette
La persistance des grilles
Regrette
De ne pas être entendu quand tu le cries
Regrette
L'arbre et la feuille
Les mains posées
La fenêtre au vent
Une porte entrebâillée
Regrette
Mains et mondes
Demande encore le défendu [106]

Sylvain Garneau

Outremont 1930 — Montréal 1953

Quelle comète fulgurante fut Sylvain Garneau! Tout
enrobée du corset classique quand même, une écriture
jeune, désinvolte, amoureuse, angoissée, présageant son
tragique destin qui s'apparente à un pacte de suicide. Fils
de grande famille, né à Outremont, son enfance sur les
bords de la Rivière-des-Prairies, côté lavalois, nourrit sa
poésie. À seize ans, élève au Collège Stanislas, il publie
ses premières poésies dans les journaux; officier cadet de la marine canadienne (1948),
il visite ainsi le vieux continent. À son retour, il tâte du journalisme et du reportage
radio. À vingt ans, il publie son premier recueil, préfacé joyeusement par Alain
Grandbois; son second recueil, *Les trouble-fête,* s'enfonce parfois dans une nuit intérieure
troublante. Le regard d'une jeunesse persistante. Les Herbes Rouges viennent de rendre
disponible l'ensemble de ses écrits.

Les Ukrainiens

Ce sont des Ukrainiens qui habitent ici.
En face, la forêt. Le tramway les sépare.
Il a plu ce matin. Et lorsque l'on compare
Les maisons l'une à l'autre on constate ceci :
La première est pareille à la seconde et l'autre
Est semblable en tous points à la première, mais
Je connais cette rue et je sais que la nôtre
A des jardins plus beaux que ne seront jamais
Ces parterres carrés, car la nôtre est en face.
Et je sais que la pluie a nettoyé les murs,
Que les Juifs, mes voisins, ont arrosé leurs glaces
Et que les amoureux se reconnaissent purs.
— Hier soir, en revenant, ventre creux, tête creuse,
J'ai entendu le bruit des familles heureuses.

Il a plu, ce matin, mais le trottoir est sec.
Et il ne reste plus que des ronds, sous les feuilles,
Des taches d'eau de pluie où les mégots s'endeuillent.
L'oiseau s'est envolé, une brindille au bec,
Car les journaux, mouillés, ont tous perdu leurs ailes.
Par la fenêtre on voit un tableau poussiéreux.

C'est indiscret, je sais, de regarder chez elle,
Mais j'entends s'échapper, quand je passe chez eux,
Des rires effrontés comme des hirondelles...
Il a plu, ce matin, et les pas sont feutrés.

On voit briller des lacs sur les vieilles poubelles
Et des billets relus sur le trottoir propret.
Les chattes, cette nuit, viendront, veuves frileuses,
Entendre ronronner les familles heureuses. [107]

Les étudiants

Sur le bord des grands parcs, à l'ombre des murailles,
Tête nue et vêtus d'un paletot râpé,
Chaque lundi matin, à huit heures, ils bâillent
En pensant au sommeil qu'il faudra rattraper.

Saouls de café sucré, ils rotent. Leurs sourires
Ont gardé du sommeil quelque chose de niais
Et dans l'œil de Marie, en secret, ils croient lire
Un écho à l'aveu longuement oublié,

Parce que, le printemps, le long de l'avenue,
Les érables sont verts et le pavé propret
Et qu'ils croient, pour séduire une belle inconnue,
Qu'il suffit d'un regard sur un mollet doré.

Bientôt ils dormiront, jambes sous le pupitre,
Conquérants du bonheur aux soupirs enfiévrés,
Pendant que le soleil dispersé par la vitre
Peindra sur le mur blanc des prismes diaprés.

Ils oublieront en chœur d'anciennes fiancées,
Car ils aiment marcher, ni tristes ni joyeux,
À pas lents, pour bercer d'indolentes pensées

Et sentir le vent frais lécher leurs fronts huileux,
Tandis que le chemin de pierre concassée
Grince sous les talons de leurs souliers trop vieux. [108]

Salut à toi

Poète Gilbert Langevin

toi qui as toujours une loge
dans mon coeur

depuis le temps que toute,

LA ROUE DU FEU SECRET

Tu connais quelques uns
de ces poèmes
d'autres que j'aime tu
n'as lu ou entendu

alors c'est un pas de
plus dans mon "aura subtil"
car pour moi aussi "mon refuge est un volcan"

en toute complicité et fidélité
tauréennes, Janou saint-denis
janvier 86 -

Dédicace de Janou Saint-Denis à Gilbert Langevin,
dans La Roue du feu secret, *Montréal, Leméac, 1985.*

Janou Saint-Denis

Montréal 1930 — Montréal 2000

Animatrice pendant vingt-cinq ans de *Place aux poètes*, soirées incontournables où se retrouvait toute la faune littéraire de Montréal, la gloire de Janou Saint-Denis est d'avoir créé et maintenu jusqu'à son dernier souffle ce lieu essentiel de la parole libre. Grande dame du milieu culturel, proche des surréalistes, la première à mettre en scène Gauvreau (1959); interprète forte, imprégnée du théâtre d'avant-garde, sa poésie est avant tout orale, diffusée à chaque *Place*; elle souffre de son instantanéité et des effets oratoires qui la rapprochent de la déclamation, faisant fi de tout style. Née à Montréal, elle passe par le Couvent d'Hochelaga avant d'étudier le théâtre ici, puis à Paris. Née Jeannine Hébert, son prénom Janou lui vient de Gauvreau; le comédien Jean Saint-Denis, son premier mari, disparu lors de ce qui semble être un pacte de suicide avec Sylvain Garneau, lui a laissé son nom de scène. De 1961 à 1971, elle vit à Paris. Ses neuf recueils ont été publiés au lendemain de son retour à Montréal en 1972.

Induvie

le panache suicidaire   rosace
    dicline
au pistil déifié
corollaire des cartouches
alimentées de bleuets
    farcis d'étamines

      les hermaphrodites fusillés
        par les trompe-l'œil
et je te tiridasse et te caresse
    l'homo plat
sur les dégoulines du fer
    à repasser
prose d'avril dans le jardin cycliste
une enfant tend la haie réprimande le sol
j'ai à croire les baleines où
    Jonas s'est assoupi
pendant que s'impatientent
les rives reines de l'or emmitouflé

plitt drano des ouiguiches
addigue briche d'épure
le cheveu mafflu
et m'as-tu vue
déraper dans le fournil

heureuse que les claudes-reines
amères à vivre déambulent les signes
dans l'épinaie de la poésie à quai

cyprine éminente déflorant
  l'induvie [109]

Gatien Lapointe

Sainte-Justine-de-Dorchester 1931 —
Sainte-Marthe-du-Cap 1983

La parution de *L'Ode au Saint-Laurent* (1963) fut un coup d'éclat ; en moins de rien, plus de trente mille exemplaires s'écoulent. Exprimant son appartenance profonde à cette terre d'Amérique, la poésie épique de Gatien Lapointe incarne le renouveau culturel déclenché par la Révolution tranquille ; œuvre fondatrice de la poésie contemporaine, elle appelle le pays à naître. Depuis *Arbre-radar* (1980), son écriture est transformée, plus nerveuse, sensuelle, incisive, amoureuse. Né à Sainte-Justine (Dorchester), il étudie au Petit Séminaire de Québec, puis à l'École des Arts graphiques de Montréal et à la Faculté des lettres de l'Université de Montréal, époque à laquelle il publie ses deux premières plaquettes. Une bourse l'amène à Paris en 1956 ; il y séjourne jusqu'en 1962. Il enseigne au Collège militaire de Saint-Jean à son retour en 1962, puis à l'Université du Québec à Trois-Rivières, dès sa création en 1969. Il y fonde les Écrits des Forges (1971), devenus l'une des plus prestigieuses maisons de poésie au Québec. Refusant de se soumettre à des pontages coronariens, il préfère se laisser mourir, dans la résidence qu'il s'est construite sur le bord du fleuve, à Sainte-Marthe-du Cap. L'ensemble de son œuvre est publiée à ses éditions.

NB : L'éditeur des Écrits des Forges a refusé d'autoriser la reproduction de ses poèmes dans cette anthologie.

LA CLAIRIERE ENNEIGEE

bêtes aveuglées d'une trop blanche nuit
                                        nous ici pur sentier d'un cri
dans nos mains en crevasses le fleuve se dressant aile secrète et toute mémoire
dans nos nerfs le vert des racines trouant la rafale

autrefois d'une seule langue jaillissante flamme d'une très douce demeure

rumeurs d'îles et rames d'étoiles
                                bords battants du vivace poème
debout sur les lèvres nues de l'horizon
par quels mots guitare d'ombres et d'yeux frissonne jusqu'à nous l'avenir

vacillante enfance à la source les gris chevaux s'agenouillant
et roulant sur la poitrine de notre histoire le soleil de quel rouge automne
du chant d'ici autre tige rognée d'une piste à l'autre recommencée
en quelle imprévisible neige
                            sous quel arbre tout crépitant d'oiseaux
de vivre s'éprendre lente vallée et toute la chevelure du rêve

feuille palpitante voyelle sous les glaces

ô inaugurale

en bris de couleurs

en éclats de sang ~~bronzant~~ notre main trouvant d'une seule caresse
la terre profonde et d'herbe en herbe la halant vers le plein été

échos encore de l'humaine parole et près de nous le vif frémissement du dieu

vertigineux visage du monde nous ici larmes gelées

farouche espérance

rôdant coeur en tempête tout autour de la clairière

Gatien Lapointe

à Champlain, automne 70.

Tapuscrit de Gatien Lapointe, La clairière enneigée, *1970.*

cri couché sur les feuilles
                              en travers du seuil de terre
roux tremblement des noyaux s'ouvre plein d'un vers nous
les yeux les cheveux des signes d'ici
                                    redonné renommé
notre visage en miroir dans les étincelles de l'herbe
arbre de ligneur au retour du chemin
                                      s'éploie d'une phrase
lobe à globe limpide coquillage dans les îles de musique
dans la poitrine du diamant s'ouvre d'odeurs
                                          ensève
l'arc entier de la rose les voix les voyage
                                    ou frissons
dans la demeure de vos mains dansent désir l'intime
déborde pleine année le germe le feu
                                  ô le mot très ancien
au monde la fièvre des lèvres prenant l'or
l'orbe d'une nuit dans l'amer des racines
                                        faillit
rythme dans la chair des sons nous repaysant
                                      battant avenir

                          Gatien Lapointe

automne 75

Manuscrit de Gatien Lapointe, Le chevalier de la mer,
en trois versions, 1975.

cri couché sous les branches

en travers du seuil de terre

roux tremblement des noyaux s'arme plein sillon vers nous

les yeux les cheveux des signes d'ici

notre visage en miroir dans les étincelles de l'herbe

arbre de liqueur au retour du chemin

lobe et globe limpide coquillage sans les cils de musique

dans la poitrine du diamant s'ouvre d'odeurs

l'arc entier de la rose les voix les voyages

dans l'ombre de cette phrase dansant désir l'intime

déborde pleine année le germe de feu

o du mot très ancien

du monde la fièvre des lèvres enserrant l'or

l'orbe d'une nuit dans l'amer des racines

jaillit

rythme dans la chair des sons nous pressant d'avenir

cri couché sous les feuilles

en travers du seuil de terre

roux tremblement des noyaux s'arme plein sillon vers nous

les yeux les cheveux des signes d'ici

redonné renommé

notre visage en miroir dans les étincelles de l'herbe

arbre de liqueur au retour du chemin

s'éploie d'une phrase

lobe et globe limpide coquillage dans les cils de musique

dans la poitrine du diamant s'ouvre d'odeurs

enlève

l'arc entier de la rose les voix les voyages

en frissons

dans la demeure de nos mains dansant désir l'intime

déborde pleine année le germe de feu

o du mot très ancien

du monde la fièvre des lèvres pressant l'or

l'orbe d'une nuit dans l'amer des racines

jaillit

rythme dans la chair des sons nous repaysant d'avenir

le chevalier de la mer

Manuscrit «Le pays de ton corps» et signature de Georges Dor, 1995.

Georges Dor

Drummondville 1931 —
                              Saint-Germain-de-Grantham 2001

Poète de la quotidienneté et de la vie simple, Georges Dor atteint la célébrité en 1967, avec la chanson *La Manic*. Né à Drummondville, il fait ses humanités à Chambly-Bassin, puis suit des cours de diction et d'art dramatique. Il occupe un poste d'annonceur radio, puis de réalisateur au service des nouvelles de Radio-Canada de 1954 à 1964, qu'il quitte pour se consacrer à sa carrière de compositeur-interprète. Il ouvre une compagnie de disques et une galerie d'art à Longueuil. Passionné de théâtre, installé à Saint-Germain-de-Grantham, il y fonde le Théâtre des Ancêtres en 1976. Romancier, dramaturge, auteur de téléromans à succès, polémiste remarqué, militant indépendantiste, Georges Dor est un chantre du pays.

Montréal

C'est ici que je vis
C'est là que tout se passe
Et si je rêve à haute voix
Cette maison m'écoute

Cette ville d'octobre
Le rouge la recrée
L'oblige à s'émouvoir
Le soleil a pour elle
Des fards troublants et doux

La nuit
Les gratte-ciel
Se livrent des combats fantasques
Au-delà du festin nocturne
De la laideur des néons
De la promiscuité des uns et des autres
Qui tentent désespérément de s'aimer

Montréal
Mont-Royal vert l'été blanc l'hiver
Avenue du Parc bleue
Sainte-Catherine arc-en-ciel
Avenue des Pins violets
Côte-des-Neiges sales
Oratoire cinq joseph
Musée de cire des temps fondus

Montréal quatre saisons
Montréal aller-retour
Pour le plaisir de revenir
À Montréal
Park Avenue ou ailleurs... [110]

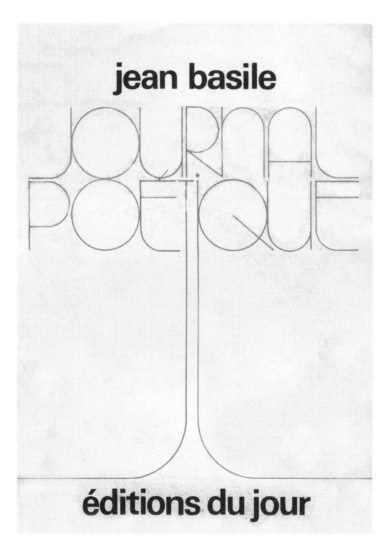

Page couverture de Journal poétique *de Jean Basile,*
Montréal, Éditions du Jour, 1965.

Jean Basile

Paris, France 1932 — Montréal 1992

Une poésie torturée, revendicatrice, libre et provocante, comme d'ailleurs toute son écriture. Ses romans surtout ont apporté une fraîcheur libératrice dans nos lettres. Né à Paris de parents russes, Jean Bezroudnoff arrive à Montréal en 1962. Dès 1963, sous son pseudonyme, paraissent ses premiers romans; en 1964, il dirige avec éclat les pages littéraires du journal *Le Devoir* qu'il quitte en 1970 pour fonder ce magazine mythique qu'est *Mainmise*, lieu ésotérique de la contre-culture. Ses écrits sur les drogues et la liberté sexuelle ont alors un impact considérable. Homosexuel avoué, sa poésie, son *Journal poétique* (1965) et surtout son second recueil, *Iconostase pour Pier Paolo Pasolini* (1983), en sont un éloge et une illustration. Il est mort du sida à sa maison de la rue Duluth à Montréal en 1992.

On ne sait pas tout à fait

Oh! que cela est beau la terre
et moi
que je vais mal sur ses chemins
fauchant les buissons sur mon passage

Je vois les fenêtres éclairées
et je sens la sueur
trop marcher fait que les aisselles
deviennent trop humaines presque
et les maisons elles-mêmes
sont de ces corps aimés
qu'on voudrait embrasser

Une rue ce n'est rien
moins encore
une maison un pignon une fenêtre

Un visage d'homme
sans expression
fatigué
rêvant d'on ne sait quoi
mais toujours prosaïque
c'est peu de chose
quand on le voit si on le voit

Mais c'est un grand jardin quand même
avec ses arbres d'acier ses crépuscules de lumière
ses insectes bruissants
dont le drame se joue
sous les pierres

J'aime les villes
silencieuses et cruelles
comme des termitières
africaines

La quarante-deuxième rue
de New-York
ses noirs et ses blancs mêlés
ses cinémas porteurs d'extases inqualifiables
où je peux
moi-même trappeur
me tapir et rêver

Sein pourfendeur d'orage
têtu nocturne et rare
ton sein il n'en est d'autre
entre lesquels je repose ma tête
tiens
le voilà lacé

par mes bras fermés comme les anses
et ma peau
de bonne terre bien émaillés

J'étais beau comme un vase crétois
lourd comme la figue pleine de semence
le printemps et l'été

Toute la ville me regardait monter vers toi
inoccupée

Le bonheur calme est fait pour les autres

Mes désastres sont écumeux
bouillonnant comme des marées

Je tue qui j'aime de mille flèches
empoisonnées

Tu me troues mieux d'un seul baiser
sur l'épaule
quand tombe ma veste
et que sitôt
tes mains descendent sur mes cheveux enrubannés
pour s'y perdre
le temps de quelques rapides secondes [111]

Madeleine Saint-Pierre

Trois-Rivières 1932 — Trois-Rivières 1998

Un monde du tendre, serein et lucide, une touche passionnée, une longue marche à l'amour version femme, dans *Empreinte* (1978), le recueil le plus achevé de Madeleine Saint-Pierre, puis, des poèmes brefs, ramassés, avec des convictions inspirées de son militantisme pour la protection de l'environnement. Née à Trois-Rivières, elle y passe toute sa vie ; après des études en bibliothéconomie, elle y exerce ce métier jusqu'à sa retraite. Musicienne, elle est membre d'ensembles de musique ancienne ; peintre et artiste, elle produit des tapisseries-poèmes et des photos-poèmes. Sa poésie est rassemblée aux Écrits des Forges.

Fleuve

Pauvre cours d'eau souillé
lourd de déchets
de rejets pestilents

Et pourtant
des ruisseaux jaseurs
aux berges étroites
des lacs des rivières
des chutes dévalent à gros bouillons

Du filet à la source
le flot s'emplit

Sous la pointe des clochers
le fleuve puise aux nuages
le plein qu'il faut
pour soutenir les navires
du bout du monde

Mais la mer s'enroule
dans ses larmes ₁₁₂

Fourmi

Petite fourmi besogneuse
ensablée de peine

S'affole
sans un morceau de sucre
sans jeux
seule et brisée

Dérive dérive
au cours des flots

À quelle bouée
à qui se dire
à qui se taire

Aux quelques phares
sur l'océan des grâces?

Ni père ni mère
au berceau de l'inconscient
ce miroir morcelé
tapi au fond des grottes [113]

À Gérald Godin,
poète des Cantouques, de
la Ville et de l'arrière-
pays, de l'homme total,

Madeleine Saint-Pierre.

Dédicace de Madeleine Saint-Pierre à Gérald Godin, dans Intermittence, *Trois-Rivières, Éditions du Bien public, 1967.*

Françoise Bujold

Bonaventure 1933 — Montréal 1981

S'il est une écriture gaspésienne, Françoise Bujold
en est la plus fascinante illustration. Poésie quotidienne
certes, mais riche d'un héritage ancestral, réunissant
ses racines amérindiennes, sa vision des gens de la mer
comme la solitude et le courage d'habiter des régions
si peu peuplées. Son poème *Ah ouiche t'en plain*,
écrit pour la radio, devenu livre d'art dans les mains
de Kittie Bruneau (1974), pièce maîtresse de sa rétrospective posthume chez
Parti Pris (1982), est un texte flambeau ; sans doute marque-t-il la naissance même
d'une poésie proprement gaspésienne. Née à Bonaventure, elle est d'abord tentée
par l'art, aussi vient-elle suivre des cours à l'École des Arts graphiques et à celle
des Beaux-Arts de Montréal où elle est parmi les premières femmes diplômées. Elle est
pédagogue auprès des autochtones de la réserve de Maria en Gaspésie. Elle produit deux
exceptionnels livres d'artiste pour enfants, illustrés par de jeunes Amérindiens, et réalise,
en collaboration avec Jacques Godbout, un film remarquable : *Le Monde va nous prendre
pour des sauvages* (1964). Elle devient la première éditrice de livres d'art en fondant
avec Guy Robert, les Éditions du Goglin en 1958. De son vivant, ni son art ni ses sept
publications en tirage limité ne l'ont jamais sortie de l'ombre ; engluée dans la pauvreté
et la maladie, partagée entre le pays natal et la métropole, éblouissante peintre autant
que poète essentielle, c'est une grande dame de la culture gaspésienne aux ailes brisées.
Un prix littéraire attribué chaque année à un jeune auteur gaspésien porte son nom.

Ah ouiche t'en plain

L'envie m'a pris de déserter le plain
Ah ouiche t'en plain
de partir avec tout mon gréement

l'envie me prend de devenir marin
    de passer dessus les quais
    complaintes seront composées

    sortir de l'île aux brecques avec des dents qui brillent
    avoir quantité d'argent et une beauté qui grise
    au déclin d'une belle journée

l'envie me prend de m'emmouracher
    d'être séduite par le mirage
    de ne plus savoir si l'amour est trompeur
    mariniers de navires sombleurs marbleurs de marion
    complainte des noyés du grand nord
    des couteaux volés des déserteurs
    nous serons quatre frères partis pour les voyages
    nous serons sept ans en mer vers l'arche de Noé vers les filles muettes

je suis de même dans mon pays à les regarder faire
    le petit frère et la petite sœur qui se lèvent la nuit en robe de nuit
    qui déambulent dans les sentiers de pirates
    dans les chemins guéris de fougère
    vers des coquilles qui mirent
    des étoiles qui brillent et qui lirent

je suis de même dans mon pays
    il y aura de la soupe aux pommes de terre
    il y aura la grague les manigots l'étale
        les rins les petits poissons de plomb
        que l'on éclaircit avec des couteaux
        en espérant que l'eau soit en feu

il y aura toi qui viendras
    sur les hauteurs et les falaises
    sur les vallées et les vallons
à boire du vin rouge nos lèvres seront bleues
à manger du pain noir nos têtes seront blanches avant le temps
j'en perdrai mon chapeau de pêche
j'en perdrai mon agate à mon doigt

il y aura toi qui viendras et te souviendras de moi
    j'ai fait par amour des gestes prétentieux
    j'ai gravé mon nom sur toutes les ardoises bleues

nous nous tuerons avec nos mains
    le premier jour de mai
nous boirons nos sept gorgées d'eau salée
    pour nous purifier
dans les draps blancs de la mer
dans des petits verres à vin
nous nous tuerons avec nos mains demain

la mer n'est pas à boire
 à manger
à mettre dans une valise
pour emporter
la mer est à vivre
 à vivre à bras le corps

penouille j'aime tes mèches
 ta pointe à navarre
 ton anse-aux-cousins
 nous nous coucherons dans des bèdes-de-roche
 nous sortirons indiens de l'anse aux fleurs jaunes
 nous mangerons de la vache marine
 à la pointe-à-la-faim

fontenelle fontenelle
petite fille qui n'est pas aimée
 à la baie des morues
 nous irons faire du bruit
 à la pointe-à-la-batterie
 nous irons nous régaler
 à la pointe-à-la-frégate
 nous irons danser chez la vieille

nous inviterons le sauteux et tartigou et rancelle
nous irons nous baigner au ruisseau-des-olives
nous bâtirons notre église sur la butte d'argent
ce sera l'agrément au butreau-des-pins-rouges

l'envie m'a pris de déserter le plain

Ah ouiche t'en plain

de partir avec tout mon gréement

l'envie me prend de devenir marin
de visiter mon pays avec la paume de ma main
de vivre avec les gens
de siffler ton nom dans l'anse-à-valleau
au lac des boucan eux dans la maraîche
les marécages et les îlots

l'envie me prend de devenir volage
j'aurai mon bateau
qui se nommera le colombier ou l'étoile argente
je serai sorcière ou infidèle
je crierai des mensonges aux lignes de ta main
je ne serai plus gente

l'envie me prend de devenir méchante
tu es né toi que j'aime
tu n'es pas né dans mon village à mes côtés

tu n'es pas né dans mes journées
tu es né au-delà des nuées et des bâtiments
et mon corps piaffe comme une jument
sous mes pieds le gravier se retire
la grave se remplume et la mer se martyrise
sous mes yeux le soleil devient lune

l'envie me prend de t'écrire continuellement quotidiennement sans jamais me lasser

l'envie me prend de te dire qu'il y a ici
    des paysages d'air clair
    comme une tête lucide qui n'a pas dormi
    je pourrais passer ma main au travers du ciel
    et apercevoir la méditerranée
    tant le temps est cellophane papillonné
        déambulé somnambulé avoué
    tant le temps se chicane avec le mitan du lit
        aux heures de nuit
        veut nous faire vivre debout
        des amours humaines

    il n'y a plus de date plus de mois
        plus de semaine
    c'est une longue journée bariolée de jour
    bariolée de nuit de noir de blanc de cri
    de soleil de silence
        et qui tourne roule roule

chancelle comme un carrousel

nous emmène dans une motte de laine

il n'y a plus de date plus de mois

　　plus de semaine

il y a toi dans les matériaux de mon horloge cassée

　　au début de l'été

l'envie me prend de déserter le plain

Ah ouiche t'en plain

l'envie me prend de te serrer la main [114]

> *à Gaëtan d'Astre*
>
> *mon compagnon cher*
>
> *des heures sombres*
> *et aussi pleines de lumières*
>
> *Françoise Bujold*

Dédicace de Françoise Bujold, dans La Fille unique, *Montréal, Éditions Goglin, 1958.*

Guy Robert

Sainte-Agathe-des-Monts 1933 — Montréal 2000

Précurseur de l'histoire de l'art, directeur fondateur du Musée d'art contemporain de Montréal (1964), essayiste spectaculaire remarqué, Guy Robert est aussi homme de lettres. Il a été directeur d'une importante collection de poésie chez Déom, où ont paru tant *Terre Québec* de Paul Chamberland que *Mémoire* de Jacques Brault et sa précieuse anthologie témoignage de dix-sept poètes (1964), la première à s'intituler *Littérature du Québec*. Né à Sainte-Agathe-des-Monts, il fait ses humanités au Séminaire de Sainte-Thérèse puis au collège André-Grasset; il poursuit des études en lettres à l'Université de Montréal et en esthétique à Paris. Sa production phénoménale de livres d'art et de livres sur l'art rejette dans l'ombre sa propre poésie qui ne tranche en rien sur l'époque.

Québec se meurt

Nous irons en mai
chasser les outardes au chenail du Moine
et les orignaux en tapinois à Anticosti
et je m'enchevreuillerai encor
dans les oreillers de mon enfance
et nous irons visiter joyeusement
les jardins zoologiques de terre des hommes
et massacrer des mini-phoques
pour en faire des maxi-manteaux

ô
truites de nos ruisseaux
saumons de nos rivières
marsouins de l'ode au fleuve
sardines des bancs d'école de Terre Neuve

nous serons les castors des dômes canadiennes

c'est la faute des autres
qui cultivent des fleurs d'or
sur le fumier tiède
de nos entreprises de démolition

avec nos bras
et nos boîtes à lunch
et le progrès à crédit

c'est l'Histoire qui nous écrit raides-morts

et nous ne connaîtrons plus
la sloche
en parlant américain

une fleur de lys des gaules sur la tombe du Québec [115]

Dédicace de Guy Robert, dans Québec se meurt,
Éditions du Songe, 1969.

Roland Morisseau

Port-au-Prince, Haïti 1933 — Montréal 1995

La diaspora haïtienne a vu se retrouver à Montréal
les plus grandes voix de sa poésie, exilées sous la dictature
de Duvalier. Ainsi, de ce groupe littéraire fondateur
que fut *Haïti littéraire* (1960), tant Roland Morisseau
que Davertige, Serge Legagneur et Anthony Phelps ont
trouvé refuge ici. Né à Port-au-Prince (Haïti), Morisseau
arrive au Québec en 1965; tout en terminant des études
en pédagogie à l'Université de Montréal, il enseigne tour à tour à Sept-Iles, Valcourt
puis Montréal. Si son recueil *La Chanson de Roland* (1979) rassemble surtout des textes
haïtiens, sa rétrospective (1993) voit apparaître la neige de sa terre d'adoption. Du plus
sombre au plus serein, sa poésie en est une d'espoir exemplaire, traversée par une
passion et un courage contagieux.

Élégie pour une vie certaine

On n'a pas tué Anthony Griffin
l'oiseau qu'il est devenu
se rue dans la neige
à sa façon démente
comme joue un enfant l'hiver
à la poupée
son corps se cherche
brusquement
dans les grosses presses métropolitaines
dans les étalages de longs tapis de rues
follement ternes
de rizières ondoyées ondulées où s'effraie la mort
ses pieds enfoncés dans la verdure d'août
ne sont plus que les longues artères
qui sillonnent les journaux de part en part
ou qui traquent goulûment le ventre des banques
ou qui se pâment du sortilège des églises

on n'a pas tué
la rafale de neige à bout portant
a pissé les dix-neuf saisons de sa vie
rafale d'eau géante qui sculpte la tête
et les veines élimées qui retournent à la mer
par les sentiers battus de nos regards

maintenant ses cheveux remplissent d'étoiles crépues
le vierge ciel de Montréal
combien faut-il de mains pour soutenir la poutre du ciel
c'est l'alarme qui frémit à nos visages

rumeurs d'ailes déplumées à défaire notre sommeil
ponctuelle oui claquez-vous des dents messieurs
et remuez la détresse
sorciers qui disent
le sable contient le noyau de l'alizé
car chaque grain indivis clôt la vie
quelque part au delà de nous-mêmes

pour une montagne saccagée
il faut donner sa main
telle une gerbe superbe
qui grandit à la découverte
au ras des flamboyants

alizé ô alizé mais dites aussi
le nordé ou la Grand'Anse
ou le Plateau Central dont l'humeur picotte les aisselles
ce sont les greniers de la mort hautaine
élevés à tout jamais
et qui fourmillent de frémissements la terre mienne
plus qu'un fleuve céleste qui se cramponne à nos côtes d'ivoire [116]

et je fais miennes les paroles que je cite
citations pour donner corps à ma parole
le spécifier
le faire totalité critique

Pablo Neruda dit : « et ils diront peut-être : 'c'était un camarade' »

chaque semaine lisez ~~...~~ "Politique/hebdo" et "Chroniques" chaque mois

mon corps j'investis dans l'écriture analyse/critique
de savoir ce repos la campagne théorie je suis en ville
pour ce travail y faire le Québec
qui a lieu dans le Tiers Monde
contre tous les impérialismes
et pour y faire l'amour
avec une femme qui soit une femme
quand bien même je lui donne nom la Louve
et jamais m'a de cesse FAIRE LA LIBERTÉ
il y va de cette politique : faire notre désir plaisir
vivre c'est pour en jouir
l'amour camaraderie

patram le Bison ravi
Montréal 20/24/6/76

«Chaque semaine lisez Politique hebdo…», manuscrit de Patrick Straram, 1976.

Patrick Straram

Paris, France 1934 — Montréal 1988

Une écriture iconoclaste, débridée, parsemée de
références culturelles révolutionnaires, surréaliste certes,
participant à l'international situationnisme comme au
mouvement existentialiste sartrien. La connivence de
Patrick Straram avec l'art de Boris Vian, dont il repique
le surnom de «Bison ravi», ajoute au personnage devenu
légende. Né à Paris, il arrive au Canada en 1954,
passe quatre ans à Vancouver avant de s'installer à Montréal en 1959. Son activité
de critique et d'animateur de cinéma, son parti pris pour toute avant-garde, sa
solidarité avec le combat des intellectuels québécois, en font une figure de proue
dans le milieu dit de la contre-culture des années 60. La rafle d'Octobre 70 lui fait
goûter les geôles et produire un poème-affiche édité sous forme de carte postale,
chez L'Obscène nyctalope (1972). Ses essais ont plus influé sur l'époque que ses
quatre recueils publiés entre 1972 et 1984.

Strange orange

Filles-fleurs étrusques
soleils-éclatements
fruits de mer, herbes, grêles de
l'orange
de l'orange
du rock, un crabe, du pop
elle n'arrête pas de travailler
pythonisse industrieuse
le scandale effarant du village-clinique
un sourire en écharpe sur un mal d'être incurable
qui lui donne cette beauté déchirée qui déchire
et rassure
à l'image
de la mitraille géologique étoilée
qu'elle plaque facile sur la laque
mais fallait le faire
le faire
bel oiseau noir
et femme du manuscrit trouvé à Saragosse
faite de vieille terre et de brumes de Pologne
et de canicule mexicaine
de Paris et de la Californie
et de tant de Haut Sauterne le délire allègre
l'ironie et les larmes en un même clin d'œil de lune
à boire une terre plus promise jamais
la radio fonctionne même toute la nuit

dans le petit bungalow de la rue Olive
perché haut sur l'océan
bathyscaphe qu'elle remue d'étranges grouillements
une tendresse dingue
moulée
au long du long d'un rock qui fouille nerfs et tripes
ces éclats vertiges de guitares électrique au cœur
des Beatles des Rolling Stones
du Paul Butterfield Blues Blond du Jefferson Airplane
surrealistic pillow
le sommeil ce qui vive?
et elle m'a fait un portrait The Doors
dans
de l'orange
de l'orange
couleur d'un perpétuel mourir
où nous échangeons d'étranges oranges d'étrangers
complices d'un exil à jamais
la Stellouchka mon hirondelle-tournesol au long du Buffalo Springfield et de Country Jœ & the Fish
et des Fugs et de Jimi Hendrix
demain elle prendra un amant
et j'attendrai au No Name Bar
qu'elle surgisse une nuit
hurlée hurlante de solitude
et trop d'alcool
et nous rêverons ensemble

de bicyclettes
de l'orange
de l'orange
Grateful Dead et Mothers of Invention
ce qui est assez parfaitement merveilleux
pour un peu de tendresse être sentimental
quand le cirque fatigue puisque sans surprises
et se le dire en graffiti
Haut Sauterne «Strange days» tu sais de l'orange
as we run from the day
to a strange night of stone
et peut-être je dis mal cet accord bel
mais peut-être sont-ce les autres qui ne savent plus leur âme
brutes hystériques et petits épiciers des mensonges acharnés à se désincarner
et le bungalow de la rue Olive
la Stellouchka mon hirondelle-tournesol
l'orange
l'orange
je le dis comme Godard dit comprenne qui voudra
comprenne
qui voudra

c'était le dit
d'un paradis [117]

Ville 1

La ville s'avale d'ovales qui ovulent syphilis
les « corporations » et pègre et justice effarent qui démolissent névroses
pression compression
mais c'est ville que j'aime

fugitivations
buter buté au béton brut
congestion commotion
mais c'est ville que j'aime

Drapeau dictature dénaturation absurde / abjecte
(autorouteConcordiavillageolympique) la détérioration détériore
COUPEZ LES ARBRES
mais c'est ville que j'aime

éreintements
errances émeuvent baroque populaire (escaliers pignons rotondes baies ruelles jardins)
décor / vécu à nul autre pareil défiguré in english made in U.S.A.
mais c'est ville que j'aime comme aucune au monde　　MONTRÉAL [118]

Joseph Bonenfant

Saint-Narcisse 1934 — Mauricie 2000

Les petits poèmes en prose de Joseph Bonenfant, caustiques observations de notre société, regards humoristiques et amoureux, sont un intermède dans une prestigieuse carrière de pédagogue, surtout à l'Université de Sherbrooke (1966 à 1996) où il fonde et dirige la revue *Ellipse* (1968) qui offre, en regard, la traduction de poètes français et anglais. Né à Saint-Narcisse (Champlain), il étudie aux universités Laval et de Montréal, puis à Paris. Il commence sa carrière de pédagogue à Drummondville et la poursuit au Collège Jean-de-Brébeuf. Son unique recueil, *Grandes aires* (1984), est publié aux Écrits des Forges.

Cela

Ribambelles idéales, lucres apprêtés à la sauce syndicaste, au brouet patronal, à la raison étatique, étrons planant au-dessus de nos têtes, pub fourrée partout, lubies criardes des groupes de pression, exploiteurs des bonnes et des fausses fatigues, je vous en fous, avec mon poing nu filigrané dans cette page, et cette hurlante carence de mots, ces ahan des rythmes et des formes, cette escrime à bras blancs au défi des poignards qui volent, ce sang qui sèche au bord des mots, cette rage passagère à défaut de trouver ses raisons et ses cibles, que surgisse l'énergie d'un jour franc comme l'épée, la force du vanneur du dernier jour, trois mots d'amour, rocs d'inédits, enflammant l'horizon arc-en-ciel [119]

Les univers coulent

Les univers coulent les uns dans les autres, par sursauts luisants, le long de la Saint-Denis, avec bouillonnements aux caniveaux, matités dans les cocktails, au-delà des fronts qui brillent entre libres cirés et gnoses rampantes, drogues et cuirs, aspirines et velours, en travers des regards qui se fuient de face, entre galaxies individuelles, manteaux qu'on ouvre négligemment dans ce souk où tout est calculé, surtout l'excès de souffrances, de regards creux à méplats duveteux ou barbus, dans le débraillé et le hurlement des cravates, le aventures de la textuerie douloureuse, les lampadaires ironiques, les grosses sciences avachies sur de maigres savoirs, avec comme seul fouet la déprime des petites journées moroses de montréal, le pire trou de la planète sans ses restaurants, ses fêtes, ses cinémas, ses amours, ses néons, et son grand fleuve stellaire. [120]

*pour Gaëtan Dostie,
le plus grand amateur
et connaisseur
de poésie
du Québec*

les

SOIRS SANS ATOUT

*et la fidélité de
l'auteur

Gérald Godin
17-XI-86*

Dédicace de Gérald Godin, dans Soirs sans atout,
Trois-Rivières, Écrits des Forges, 1986.

Gérald Godin

Trois-Rivières 1938 — Montréal 1994

Une poésie de l'oralité, frondeuse, imprégnée des parlures, de la langue du peuple, militante, engagée, libératrice et follement amoureuse. La gloire de l'homme politique cache l'intellectuel militant exemplaire qu'est Gérald Godin. Né à Trois-Rivières, fils de médecin, rebelle et libre penseur, il pratique le journalisme sous toutes ses formes, dirige Québec Presse, est secrétaire puis le directeur des Éditions Parti Pris. Conjoint de Pauline Julien, il est au centre de la polémique du joual et l'éditeur de la gauche visionnaire, publiant aussi bien *Nègres blancs d'Amérique* de Vallières, que Borduas et Gauvreau. Relatant son arrestation lors de la rafle du 16 octobre 1970, son recueil *Libertés surveillées* est une œuvre emblématique. Sa rétrospective *Ils ne demandaient qu'à brûler* (1987) lui mérite le prix Duvernay et le Grand prix de la Ville de Montréal. Une tumeur maligne l'emporte en 1994.

Cantouque de l'écœuré 1

Ma turluteuse ma riante
ma toureuse mon aigrie
sans yeux sans voix échenollé tordu tanné
démanché renfreti plusieurs fois bien greyé
de coups de pieds dans le rinqué
de malheurs à la trâlée
flaubeur d'héritages et sans-cœur
me voici tout de même ô mon delta ma séparure
ma torrieuse mon opposée
tout à toi rien qu'à toi par la rivière et par le fleuve
ma grégousse ô mon amour ₁₂₁

Cantouque de l'écœuré 5

Ma ménoire mon niquamour
mon marle ma noune en fleurs
le temps se crotte le temps se morpionne

il tombera comme pluie comme à verse
des spannes de jouaux des effelcus
tandis que vous me verrez comme ivre
errant à travers tout
les flancs nerveux l'âme alourdie
de tant de fois les mêmes questions
auxquelles nul n'aura su répondre
sinon le temps collé à soi
vieilli tout seul cherchant encore
mol architecte de trop de ruines
errant sans fin la gueule en sang
dans les secrets dans les ajoncs sous le tapis de ces salons
errant encore cherchant toujours
ramenant autour de mes tripes avec mes mains
le peu de vie qui m'aurait pu rester
entre l'éclipse du premier jour
et celle du dernier
petite masse molle et paquet gris [122]

Cantouque de l'écœuré 14

Par la quotidienne jambette
faite à ma langue à mon esprit
par les chnolles que chaque jour coupe
par l'oppression et la chaux vive
des serviles nonos qu'un matin d'hiver
la guerre a fait de nous
par les gesteux les au coton
les travailleurs et les bilingues
par les petits crisses que le mélange
d'un homme et d'une femme ajoute
à cette anglicisante colonie
je me jette en toi comme une pierre
désespéré souriant toujours
au plafond démoli qui nous tombera dessus un jour
dans un blasphème anglais
Kraèsse de Tabeurnakeul de Saint-Ciboire de Saint-Chrême [123]

Après...

Après le bison le renne
à mesure qu'avril avance
après les hardes décimées
entre le muskeg et l'étang gelé
le caribou met bas et je m'exile
à mesure qu'avril
après le bison le renne
pour survivre je me démène
et n'y parviens pas
quand le caribou met bas
vivipare et condamné
steppes lichen muskeg et taïga
à mesure qu'une harde à la mer va
nos cris sont beaux mais inutiles
je nage nage et je me noie
ma vie s'enfuit ma vie s'en va
vers le même espace de mort
à mesure que le caribou meurt [124]

CONCERT ANTI-CANCER
(en hommage à Pablo et Walter)

Occident pentagonique oxydant
on assassine la liberté
Neruda chili Allende
trois notes funéraires
dans le concert de l'univers

*

partout plein la vue
des embryons de mort et de misères
le monde est devenu
un vaste cimetière
d'auto- destruction

*

pendant que Nixon et Kissinger
jouent au poker
avec les militaires
bord en bord de la terre
le cacapipitatalisme
distribue ses jouets ses hochets
chaque pays réclame
son petit pinochet

*

faites vos jeux faites vos jeux
un jour rien n'ira plus
un cyclone de colère
abattra ceux qui tuent

Gilbert Langevin

1er juillet 1974 - Montréal / État du Québec

«Cancer anti-cancer», manuscrit de Gilbert Langevin, 1980.

Gilbert Langevin

La Doré, Lac Saint-Jean 1938 — Montréal 1995

Voici un caméléon de la poésie, se travestissant sous plus d'une dizaine de pseudonymes plutôt cocasses, tout à la fois poète, éditeur, animateur de soirées de poésie, graffitiste et auteur-compositeur-interprète. Ce sont d'ailleurs ses textes de chansons créés tant par Pauline Julien, Gerry Boulet, Marjo, Pierre Flynn que Dan Bigras, Luce Dufault et d'autres, qui le rendent célèbre. Pourtant, sa poésie incisive, lapidaire, surréaliste, angoissée et passionnée jusqu'au délire, est aussi conscience du monde, chant du pays et hymne à l'amour. Né à La Doré au Lac-Saint-Jean, Gilbert Langevin poursuit des études disparates, notamment auprès de François Hertel; il s'installe à Montréal (1959), y fonde les Éditions Athys et ratisse sa ville d'adoption de long en large, écrivant des milliers de textes surtout dans les bars du Plateau Mont-Royal, en plus de la quasi-trentaine de recueils qu'il publie. Figure incontournable de la faune littéraire, sa prodigalité comme sa pauvreté légendaire accentuent sa solitude. Les deux dernières années de sa vie se passent dans l'errance, dormant sous un massif de conifères dans le parc lafontaine jusqu'à ce que des filles de rue l'abritent dans une maison de passe connue de la rue Marie-Anne où il est retrouvé moribond dans la chambre numéro 13. Sa poésie est restée dispersée.

Années de malheur

Années de malheur où la peur était reine
on trempait son courage dans un baquet de haine
des épines couronnaient le désir dénoncé
l'amour avait des gants pour ne pas se blesser
tous les matins portaient masques de carême
le plaisir se cachait dans un danger suprême
ces années me reviennent avec leurs bruits de chaîne
avec leurs mornes traînes et leurs laizes de peine

qu'à cela ne vache qu'à cela ne chienne
ce fleuve de douleurs apporta la révolte ₁₂₅

Miron

Un ouragan de sanglots
puis l'accalmie des rires
ration de désespoir
neige grise à manger
dans la fosse nocturne
un étendard une femme
Miron tend la main
il lance sa voix-roche
en la flaque aux poèmes
la ville ulule plaintes
minuit aboie ses plaies
Miron revend son cœur
pour la centième fois
de porte en porte
et c'est à qui l'aura ₁₂₆

Remaniement sensoriel

À tout corps son poids de solitude
jusqu'à ce lieu vermeil où le temps
tourne sur des gonds de brise
où les couteaux se métamorphosent
en jonquilles

à tout désert alors un puits d'amour 127

Le temps des vivants

que finisse le temps des victimes
passe passe le temps des abîmes
il faut surtout pour faire un mort
du sang des nerfs et quelques os

que finisse le temps des taudis
passe passe le temps des maudits
il faut du temps pour faire l'amour
et de l'argent pour les aimants

vienne vienne le temps des vivants
le vrai visage de notre de notre histoire
vienne vienne le temps des victoires
et le soleil dans nos mémoires

ce vent qui passe dans nos espaces
c'est le grand vent d'un long désir
qui ne veut vraiment pas mourir
avant d'avoir vu l'avenir

que finisse le temps des perdants
passe passe le temps inquiétant
un feu de vie chante en nos cœurs
qui brûlera tous nos malheurs

que finisse le temps des mystères
passe passe le temps inquiétant
les éclairs blancs de nos amours
éclateront au flanc du jour

vienne vienne le temps des passions
la liberté qu'on imagine
vienne vienne le temps du délire
et des artères qui chavirent

un sang nouveau se lève en nous
qui réunit les vieux murmures
il faut pour faire un rêve aussi
un cœur au corps et un pays

que finisse le temps des prisons
passe passe le temps des barreaux
que finisse le temps des esclaves passe
passe le temps des bourreaux

je préfère l'indépendance
à la prudence de leur troupeau
c'est fini le temps des malchances
notre espoir est un oiseau [128]

Hymne des militants indépendantistes des années 60, interprété en 1968 à la fondation du *Mouvement Souveraineté-Association* et à *Chants et poèmes de la résistance*.

Davertige

Port-au-Prince, Haïti 1940 — Montréal 2004

Une poésie surréaliste bien sûr, mais dans les couleurs
chaudes d'Haïti. Poète d'un seul livre, *Idem*, Davertige
va augmenter, puis totalement le reformuler pour
la dernière version publiée à Montréal en 2003 chez
Mémoire d'encrier. Né à Port-au-Prince, associé au groupe
Haïti littéraire, il est surtout connu comme peintre sous son
nom véritable, Villard Denis. Son recueil publié en 1962,
en Haïti, est élogieusement accueilli par Alain Bosquet qui le réédite à Paris (1964).
Il s'expatrie alors, séjournant à New-York avant de vivre à Paris de 1965 à 1976. Invité
par l'éditeur de Nouvel Optique qui le réédite (1982), il s'installe à Montréal (1976)
qu'il ne quittera plus que pour revoir dans son pays. À la fin de sa vie, il mène une
existence solitaire et torturée. Un des poètes haïtiens parmis les plus renommés, le plus
grand peut-être.

Elle avait des yeux d'outre-mer

Elle avait des yeux d'outre-mer quand je l'aimais
Et dans cette mer je m'attardais comme un pêcheur
Elle avait des yeux d'outre-mer
Qui engloutissaient ma jeunesse
Entre le tain de son miroir et mes yeux de folles plaintes
Je déposais mon grand sommeil
Comme des villes de corail
Ô fond marin de ses grands yeux
Je me suis longtemps attardé comme des algues
À pieds de songes sur la margelle de sa présence
Songe en ses yeux se nouant au passé
Que sont devenues sa jeunesse et son innocence
Ô yeux de mer en Elle confondus
Les vagues à l'âge se confondent et nos voyages
Dans les songes ont ouvert un monde fermé
L'arc-en-ciel autour de mes bras
Les citronniers endormis sur mon front
Mes mains ouvertes aux voix du vent
Et mes cheveux sur toutes plantes
Qui pansaient le cœur des amants
Ah nous irons au Nord des nuages en deuil
Comme la barque du pêcheur
Pour retrouver ses yeux endormis au fond de l'étang

Oh mille fois je les adore et les envie
Elle avait de beaux yeux de songes effacés
Qui engloutissaient la Beauté et l'Avenir ma jeunesse
Ses yeux perdus avec l'enfance et toute la gaieté mienne
Je vous adore plus que la cendre noire de son corps
Son corps allongé sur le monde avec ma jeunesse
Elle avait des yeux d'outre-mer fragiles
Plus purs que l'innocence d'un petit enfant [129]

«Si loin que tu sois», poème-affiche, manuscrit de Michel Beaulieu.

Michel Beaulieu

Montréal 1941 — Outremont 1985

Poète prolifique, une trentaine de recueils publiés,
l'écriture de Michel Beaulieu est moderne, protéiforme,
ironique, amoureuse, tout autant surréaliste que formaliste
et lyrique. À la fois journaliste, critique littéraire,
traducteur, directeur de revue et éditeur visionnaire,
il fonde L'Estérel (1964), y publie ses propres textes
et ceux de ses amis poètes, tels Raoul Duguay, Nicole
Brossard, Gilbert Langevin, Victor-Lévy Beaulieu. Né à Montréal, il étudie en lettres
à l'Université de Montréal; il y dirige alors le *Quartier Latin* et fonde une première
maison d'édition littéraire étudiante; la littérature est toute sa vie. Personnage clé dans
l'effervescence littéraire des années 1960-1980, gagnant difficilement sa vie, solitaire,
il est emporté par l'alcoolisme. Les Éditions du Noroît ont publié un choix de poèmes
et une rétrospective posthume.

Peuple de la neige

Je te salue
peuple de la neige
peuple abrité dans tes repaires
peuple de l'hibernation
peuple de la petite misère
et du reniflement quotidien
je te salue dans tes outrages
dans tes renoncements
tu mâches les feuilles glacées
le sang
le plomb
la fragilité des paumes
tu passes les frontières
ou l'histoire n'a plus de lois
je te salue
peuple de la neige
l'estomac déserté
dans l'euphorie de tes illusions
peuple d'instinct
peuple minéral

peuple de la langue interdite
et de la sublime simplicité
je te salue dans tes ravages
dans tes éclatements
quand tu respires
l'ongle de la glace
et qu'au plaisir offert
tu te dépouilles en tremblant [130]

Déclic sur Montréal

Des rues comme un jour de décembre sous la pluie
Montréal
voici les vitrines
les enluminures
l'odeur du pétrole nous suit pas à pas
adroitement lézardées des maisons d'un siècle
où l'on revient sans cesse à n'en plus finir
je parcours du bout des ongles
ton mamelon feuillu bercé d'hirondelles
ton printemps de sèves
je parcours tes ruelles et vois
que je t'aime
ville ma ville à l'œil vermeil [131]

Entre autres villes

Tu n'avais jamais revu les petits
amis du voisinage le premier
déménagement passe trois coins
plus loin tu ne reverrais plus
après le second le quartier
celle où tu reviens au bout
du compte des voyages le flanc
de la montagne taille d'un coup
d'aile tu n'arrives pas
de très loin retraçant les marches
tes dix-sept ans des nuits d'autrefois
la vague à l'âme à force de trop lire
les poètes dont tu ne redécouvrirais
qu'à quarante ans la teneur disait-on
les bâtiments dont seule subsiste la photographie
la pierre au fond du fleuve interdiction
de s'y baigner jadis les plages
les plages de l'ouest et du nord de l'île
ce fleuve dévore
dont jamais tu ne sens la présence
bien que tu en connaisses les remous
tu le regardes rongé de lumière tu sens
à peine le train sur la piste 132

Dédicace de Sylvain Lelièvre, dans Entre Écrire, *Montréal, Nouvelles éditions de l'Arc, 1982.*

Sylvain Lelièvre

Québec 1943 — Lévis 2002

La fraîcheur, la vivacité, la qualité d'observation, la sagacité des chansons de Sylvain Lelièvre se retrouvent dans sa poésie. Une œuvre tendre, humoristique, moulée sur un quotidien obsédant, angoissé. Né à Québec en 1943, il est tenté par l'architecture avant de se réorienter en Lettres à l'Université Laval. Un temps professeur au Collège De Maisonneuve à Montréal, il est taraudé par sa carrière de chansonnier qui, depuis 1963, lui procure un succès durable bien que modeste. C'est son ami Gilles Vigneault qui publie, à ses Éditions de l'Arc, ses deux recueils, et sa première rétrospective de poèmes et chansons (1982). En 2002, il décède dans l'avion qui le ramène des Îles-de-la-Madeleine vers Québec.

Je suis d'une ruelle comme on est d'un village

Je suis d'une ruelle comme on est d'un village
entre les hangars de tôle et les pissenlits
j'ai trop le souvenir de la petite cour
où il nous fut autrefois défendu de jouer à la balle
rapport aux vitres des voisins

j'habite au cœur des cordes à linge
où les oiseaux viennent quand même chanter
malgré l'absence des arbres
je suis du quartier des fils électriques

car ma rue c'est la rue de la vie ordinaire
mes trottoirs en sont tout gercés et craquelés
car ma rue c'est la rue des dures fins de mois
mes bouts de gazon sont minables

avec l'église en face
trop grosse et qui jette trop d'ombre
pour le peu de soleil que nous laisse l'été

non je suis du quartier de la sueur commune
qui fut mon jardin d'enfance
où j'égare la nuit des rêves parallèles
à mes fidélités 133

Un saxophone est monté dans le noir

Un saxophone est monté dans le soir il glisse dans ma peau comme un désir inévitable déjà la saison morte de ta robe échoit sur le tapis nous voilà fous amoureux fragiles et devêtus de tout ce qui n'est pas nous-mêmes désespérément nus désespérément confondus désespérément acharnés à construire l'infime maison d'amour qu'est notre amour dans l'immense misère d'amour humaine vaincus d'avance et pourtant vainqueurs [134]

« Nous autres… », *encre sur carton, poème-affiche de Gaston Gouin*
produit pour la « Nuit de la poésie », du 27 mars 1970.

Erratum : l'éditeur tient à s'excuser auprès de l'auteur.
La biographie de Gaston Gouin aurait dû se lire comme suit.

Gaston Gouin

Saint-Camille 1944 — Sherbrooke 1970

La poésie de Gaston Gouin est engagée, militante, revendicatrice, mais aussi imprégnée de souvenirs d'enfance, de désirs amoureux et de rêves de jeunesse ; le poète revendique de surcroît un héritage automatiste et surréaliste. Son recueil *Temps obus* (1969), avec un hommage bien senti à Pierre Vallières, alors emprisonné sans procès pour ses activités felquistes, avec lequel il entretient une relation épistolaire, réfère à cette lutte de libération nationale. Il organise la venue à Sherbrooke de la tournée de *Chansons et poèmes de la résistance*, (février 1969). Participant à la « Nuit de la poésie » de 1970, il produit un remarquable poème-affiche dédié à Vallières et Gagnon. À sa sortie de prison, fin mai 1970, Vallières ressent un coup de foudre pour le jeune militant ; il se rend à la ferme familiale des Gouin à Saint-Camille. Lors de ce séjour, le poète en moto, est victime à deux reprises, de poursuites effrénées par des voitures anonymes. Il suit Vallières à Montréal ; revenant sur sa moto, malgré les apparences d'accident, ses proches restent persuadés que ce fut provoqué. Son second recueil, *J'Il de noir*, est publié par Gaëtan Dostie en 1971. Un prix littéraire attribué à un jeune écrivain sherbrookois porte son nom.

Gaston Gouin

Saint-Camille 1944 — Sherbrooke 1970

La poésie de Gaston Gouin est engagée, militante, revendicatrice, mais aussi imprégnée de souvenirs d'enfance, de désirs amoureux et de rêves de jeunesse ; le poète revendique de surcroît un héritage automatiste et surréaliste. Son recueil *Temps obus* (1960) réfère à la lutte de libération nationale menée par les felquistes ; il est un hommage bien senti à Pierre Vallières avec lequel il entretient une relation épistolaire. Pour la « Nuit de la poésie » de 1970, Gouin produit un remarquable poème-affiche dédié à Vallières et Gagnon. Emprisonné pour ses activités terroristes, il meurt peu après sa libération, dans un accident de moto dont les circonstances n'ont pas été élucidées à la satisfaction de ses proches. Son second recueil, *J'Ill de noir*, est publié par Gaëtan Dostie en 1971. Un prix littéraire attribué à un jeune écrivain sherbrookois porte son nom.

U.S.A.

Un feu d'herbe
dans nos tapis de salon
ne laissera pas cerne
de nos semelles

un sifflement noyé
dans le poing d'un essaim
coagulera
sur la branche
frappée par la foudre

la bouffée hypnotique
de nos cheminées
de crématoire
tordra
les tripes
du nourrisson
oublié dans l'étau
comme vache oublie sa suite
sur la mousse
du sous-bois

la nausée
s'insinuera
jusqu'en les galeries
creusées
du ver de sol

les madriers
porcs-épics
se déshabilleront
dans le museau
des chiens

le marteau mathématique
des cloches
minutées
basculera
les creusets
au cœur
des hauts fourneaux

les barbelés
intelligeront
des pilônes
haute voltige
repérant des cerveaux
sur des rayons de livres [135]

huguette gaulin

Vlecture en Vélocipède

POÉSIE

éditions du jour

Page couverture de Lecture en Vélocipède *d'Huguette Gaulin,*
Montréal, Éditions du Jour, 1972.

Huguette Gaulin

Montréal 1944 — Montréal 1972

Comment ne pas frémir! Sur la Place Jacques-Cartier, dans le Vieux-Montréal, une femme s'immole par le feu, en criant : «Vous avez tué la beauté du monde». Luc Plamondon, entendant cette nouvelle à la radio, écrit l'*Hymne à la beauté du monde*, une chanson admirable, interprétée par Renée Claude, reprise par Diane Dufresne et dont les paroles implorent «ne tuons pas la beauté du monde». La poésie dans laquelle Huguette Gaulin s'est totalement investie, abandonnant tout pour écrire, la mène dans l'extrême misère, le désarroi; cela se reflète dans son écriture nerveuse, révoltée, absolue. Née à Montréal, elle est une brillante élève au Collège Notre-Dame de l'Espérance, puis en Lettres à l'Université de Montréal. Elle vivote ensuite de petits emplois temporaires et finalement, le désespoir a raison d'elle. Ses amis des Herbes Rouges ont révélé sa poésie dans *Lecture en Vélocipède* (1972); ils ont aussi donné ce nom à leur collection de jeune poésie.

Cybèle souffre d'obésité

Cybèle souffre d'obésité filles du muscle
les fruits se pendent
la nappe roule jusqu'ici

aux dires aigus fixe
suent les faiseuses de corps
les embaumeuses de terre

nous précédons les passants
au travers du ventre
(troisième poumon à souffler les raccords)

l'ombilic (ou l'œil reptile) sort des angoisses

balancement d'espace et matrice

les femmes huilent leurs mains javelées
leurs vergetures tournesols

elles s'inclinent plis à ravir
et se taillent lentement les orbes de fête [136]

Rien

Avouez tel
le vide avouez

c'est à partir de rien
qu'au septième interdit on se repose

mélange jovial
avec des rappels d'aimants

tirez au hasard de la masse
mais tout vous va MESDAMES tout

> *RÉSULTAT*

quand les vitrines descendront la pluie
des sacs magasinent le corps

en bousculant les mondes collés
quel fou se jette l'escalier mobile
en posant le pied
on lève [137]

Pol Chantraine

Wasme, Belgique 1944 —
Îles-de-la-Madeleine 2001

Peinture des gens de mer, fine observation de la rude
réalité des pêcheurs des Îles-de-la-Madeleine, la poésie
de Pol Chantraine est simple et limpide. C'est celle
d'un journaliste qui a décroché de la ville, pour le grand
large. Bourlingueur né à Wasme, en Belgique, il arrive en
Ontario au début des années 60, puis s'amène à Montréal
où il se débrouille comme journaliste-pigiste. À la fin des années 70, l'appel des îles le
fait insulaire.

Matin de pêche

Dans la lumière crue
Des lampadaires du quai
Les engins de guerre au homard
Effilés
Aux couleurs vives
Se bercent et tanguent
Parmi les enchevêtrements de cordages jaunes et bleus

Dans la nuit d'encre
Scintillent les petites lumières de mât
Des bateaux déjà partis
Qui se meuvent imperceptiblement
Sur la fourmilière des lumières de l'archipel

L'air sans souffle s'emplit
Du vacarme des moteurs
Puissant comme une voix
Qui déborde de la baie et s'élève aux étoiles
Qui commencent à palir
Dans un coin du ciel

Alors que toute une ville de bateaux
S'en va au large ₁₃₈

Geneviève Amyot

Saint-Augustin 1945 — Québec 2000

L'influence surréaliste sur la poésie de Genevière Amyot ne masque pas son ton criant de vérité, sa voix revendiquant son autonomie de femme, sa liberté sans concessions ; l'écriture de sa maturité est un vibrant constat social, un regard implacable et lucide teinté d'espoir. Née à Saint-Augustin, elle étudie à l'École normale de Québec puis à l'Université Laval. L'enseignement à l'Ancienne-Lorette, Thetford-Mines et Lévis-Lauzon lui permet de petites incursions poétiques ; son œuvre et une anthologie sont publiées aux Éditions du Noroît.

Nous sommes beaucoup qui avons peur

...
Nous avons peur des appels transparents de nos sexes
de l'impétuosité de la quête du sida

la mort nous harcèle d'épouvantes
à en mourir
nous offrons l'oreille à tous les saluts
sa marque insiste partout
le poisson pourri la dent branlante
les photos du journal
nous n'imaginons pas l'éventualité
du moindre consentement

un peu après nous l'appelons
une mère chaude enfin
annulant toute douleur
emportant jusqu'à la plus petite peur
au chevet de la couchette je me souviens
peur de plier l'oreille en déposant l'enfant
sommes-nous à ce point inaptes
incompétents

nous avons peur de travailler
de sacrifier dans le rouage
le noyau dur de notre être

nous avons peur de ne pas trouver d'emploi
pour notre être
de manquer d'argent

nous redoutons ce qui va nous sortir de l'âme
si nous prenons un crayon un pinceau
une flûte
quelle gargouille enragée
sans grâce
quelle splendeur jaillie de la plaie

et ce droit de dire
quel prix les autres chargeront-ils

il nous importe pourtant
au plus haut point
de rendre témoignage
ne serait-ce que de la tourmente
de la mer
des enfants

nous avons peur de faire des enfants
puis nous voilà dans la hantise sans cesse
de les perdre
la leucémie les voitures
une allumette un détraqué

un champignon vénéneux
atomique
la mer

la mer

ils n'ont peur de rien

les enfants jouent dans la mer
comme dans une histoire très ancienne
la mer n'est pas trop grande pour les enfants
la mer est grande simplement
comme l'espoir

nous ne serons pas sauves

nous marcherons vers le centre impeccable
de nous-mêmes

une idée de flamme forte
voudra tout magnifier
la déraison des corps
le ciel sans repaire
la voix bleuie par la chute

quel centre est impeccable qui malgré tout
s'acoquine aux ardeurs végétales
à la ponte des poissons

la brillance des oies sous le jour
au cri parfait du départ
au nouveau-né

nous existons vers ailleurs que nous-mêmes
au commencement il y eut l'amour

nous existons vers notre paix
nous existons vers notre peur [139]

JAZZOIR

Betty Boop vint,
un de ces soirs,
(redis le moi miroir)
me voir

Je tirais du canon de voir
mais sans espoir
de voir échoir
mes espoirs vains

On me raconta le coin
des machines noires,
quand vient le soir
pour voir

Jazz enfin en vain en vain
une petite bière à boire
Hélas à échoir
la mort

Louis Geoffroy
16/7/76

«Jazzoir», manuscrit de Louis Geoffroy, 1976.

Louis Geoffroy

Montréal 1947 — Montréal 1977

Une écriture conçue telle une improvisation de jazz, une intense passion rimant avec alcool, femmes et cigarettes, une poésie de l'ivresse, de la volupté, de la frénésie de vivre, de l'impasse comme de la transgression, bref une dérive des sens au rythme de cette époque de contre-culture dont Louis Geoffroy est l'un des plus éclatants représentants. Bien que né à Montréal, son adolescence se déroule à Joliette où il fréquente le collège, avant de poursuivre ses études à Terrebonne et Rigaud; il voyage dans le vaste monde quelques années, puis revient à Montréal. D'abord sous la houlette de Gaston Miron et Michel Beaulieu, puis du célèbre imprimeur-éditeur André Goulet, il excelle dans toutes les étapes de production du livre. En 1968, il crée une provocante petite maison d'édition artisanale, *L'Obscène Nyctalope,* où il publie ses amis Michel Beaulieu et Patrick Straram. Alors qu'il est directeur de production tant aux Éditions Hurtubise HMH qu'à Parti Pris, une cigarette oubliée lui est fatale. Une rétrospective, *Le Saint rouge et la pécheresse* (1990), paraît à l'Hexagone.

Battement accéléré du cœur orchestral

Pupilles violettes dilatées iris menteur et les deux yeux ensevelis sous la terre verte des concepts – danseur et danseuse se regardent et n'ont de pas de deux que pour eux – alcôves car mines fond du décor olympien, rideaux opaques et dense universalité du tamis, paroles de cour et musiques de chambre pour violences tourbillonnantes, richesse baroque du vague indécis, les bras pâmés, les leurres en liesse et de profondes cavités suant l'ennui hors décor, retour vague aux cabanes sordides et solitudes de bas-fonds décantés et entre les murs chaux l'étreinte magique et magnifique se continue sans trêve tour de l'unique et de soi, incertitude villanelle et danseur bondit spasmodique hurlant de cris de bonheur comme clameurs déroutantes, les esclavages se débondent, les liens désentravent et les morts de cadavres accélèrent – champ magnifique cristallin que rien n'éclabousse – danseur et danseuse se serrent sur leur cœur [140]

Flûte

Ô douleur de la beauté de ton corps musique mon sexe est ta flûte rouge où tu siffles un blues
    pendant que je m'élève vers des concepts d'absolu et d'éternité

Ô beauté de la douceur de tes lèvres [141]

Le lynx totem

Le lynx totem et chat de sexe mâle, antennes dirigées vers les vallées profondes où, esprits et démons se battent sans trêve et sans merci, bruits sonores, aigles impériaux impérieux, faucons amorcés, plumes dans l'encre de son sang écrivant l'histoire à réinventer, les contrées à bâtir, les gratte-ciel à ériger, sons lourds de tambours instinctifs, cardiaques anacoluthes mourant en grappes pressées, crachat des canons, des fusils, du napalm aérosol, survol d'agresseurs, les hyènes et les loups en meute et au sommet de pics anarchistes, il regarde la situation se gonfler, enfler, grandir, sourdre, atteindre des proportions disproportionnées à sa puissance, sous sa puissance, l'ordre interverti de la valeur et des valeurs, pleurs d'Aphrodites anéanties et gémissements de Hadès abattus son doigt au pouvoir de mort dirigeant les offensives de la vie – et chercher dans le corps feutré d'une femme déisme les valeurs d'insurrection, les rouges de la révolution – le lynx totem hurle sans fin dans la nuit chaleureuse des rues innombrables [142]

Photo prise lors du lancement de Je *en 1965. De gauche à droite, Victor-Lévy Beaulieu, l'éditeur François Piazza, personne non identifiée, Denis Vanier accompagné de son père et de sa mère; photographe inconnu.*

DENIS VANIER

Page couverture de Je *de Denis Vanier, Longueuil, Image et verbe, 1965.*

Denis Vanier

Longueuil 1949 — Montréal 2000

Si la contre-culture se manifeste dans le Québec des années 60, Denis Vanier en est le personnage le plus provocateur. Sous des relents surréalistes, c'est une écriture de la révolte, du rejet, de la violence, de la sexualité extrême, de la drogue; puis à la mort de sa compagne Josée Yvon avec laquelle, en solidarité avec une fille de club, ils se sont inoculé le virus du sida qui va les emporter tous deux, sa poésie gagne en lyrisme, en authenticité. À 16 ans, il a déjà abandonné ses études; il travaille quelques mois à New York à la librairie Sanders et découvre la contre-culture américaine. Dès son retour, il publie *Je,* imprimé par Michel Chartrand, préfacé par Claude Gauvreau. C'est cependant la publication de *Lesbiennes d'acid* (1972), agrémentées d'illustrations provocantes, parfois hideuses, presque insoutenables, puis son corps lui-même entièrement couvert de tatouages, qui en font l'icône même de cette époque; telle sera aussi sa poésie jusqu'en 1992, alors que paraît *L'Hôtel brûle*, une œuvre plus ample, son recueil le plus achevé. Naît alors un grand poète dont l'ultime recueil, *L'urine des forêts*, lui mérite au lendemain de sa disparition le Grand prix littéraire de la Ville de Montréal. Un fanzine, *Le Steak haché*, perpétué par ses amis de la librairie Le Chercheur de trésor, a paru pendant dix ans chaque mois jusqu'à l'été 2007. Les Herbes Rouges préparent sa rétrospective.

Seven days

Je suis

　　à l'azur des sourires
　　au quai des silences
　　au rendez-vous des torpeurs
　　au bordel de l'angoisse
　　au mythe de la vieillesse
　　à la fleur du désir
　　à la cicatrice des paumes [143]

Lesbiennes d'acid

Ceci est tout doucement une invitation
à venir suspendre vos lèvres
dans une clôture d'enfant

pour que la révolution soit un piège de farine chaude
une tente d'oxygène pour les indiens étouffés sous les bisons

nous nous mettrons
tes cuisses de cuir à mon banc de plumes
avec des paravents de moteur d'eau
et l'extase de se fendre
quand d'autres naissent sous la langue des animaux
sera confite de belle paille de mer

mon effrayante juive mauve
mon poulet du christ au cou tranché

dois-je cueillir mon hashich
ou laver mes bêtes
quand tu coules
violente comme une église
sur les petites filles de la ruelle Châteaubriand

le vin de tes jambes me chauffe comme de l'urine d'agneau
tes ongles sont verts pour caresser les commandos
la nuit saoule au kummel
je voyage sur ton sexe de mescaline

déjà rosée et écartée
et éternellement fluide sous la main.

Les chiens magiques de la communauté
nous défendront contre le gluant couteau politique
et pour celles qui nous tendent leurs seins
quand nous souffrons d'abréviations circulatoires
pour celles-là
un gros singe masse la laveuse de sirop d'érable
et meurt avec nous dans son étui à crayons

TOUT À COUP GOÛT D'AIR MÉTALLIQUE
une femme qui me touche partout
signe pour moi :

l'ascenseur rapetisse et vous change l'urètre en plastique
la densité explose :

bourses à pasteur, lobes androïdes, saints filtres, calculs révulsifs

mon couduit nasal est une campagne
d'incinérateurs en collision.
Les soeurs grises de l'hospice macrobiotique
me brûlent des bouts d'épine dorsale
pour faire jouir leurs petits vieux
et je m'écrase
plogué en plein sanctuaire
quand les
Malades sauvages de l'ordre établi
m'assomment à coups de Molson [144]

L'horreur des fruits

Un poète travaille avec ses mains,
déracine les mots de la page,
obstrue la réalité,
extermine la lourdeur de la saleté,
un crime contre l'esprit
dont la beauté piétine
le coulis des femmes
qui engraisse la terre sèche
ce qui s'appelle de la mousse nouée.

Écrire c'est s'avorter pour ressusciter :
un lavement de l'âme

j'aime la vitesse de cette ascèse démesurée. [145]

Oser en finir

Allons nous faire saillir
par ce champignon humain qui vous envahit,

laissez la végétation organique
se nourrir de votre corps
de l'intérieur nous déchargeons :
des cocktails, des lésions, des verrues et gales,
boules puantes, un assortiment de morve sous observation,
des somnifères agressifs et barbouillés

L'intérieur du corps dépassé est secret
comme l'intérieur illuminé d'une machine en fonction,

apesanteur et invertébrés
s'embrassent
et sabotent déjà
le délire de recommencer ailleurs.

S'éteindre en pleine luminosité. [146]

Manuscrit du texte de Denis Vanier, lu au «Solstice de la poésie québécoise», au Parc Lafontaine, juillet 1976.

Josée Yvon

Montréal 1950 — Montréal 1994

La poésie radicale de Josée Yvon, d'un féminisme
provocateur, pousse au plus loin l'éclatement et
la décomposition de l'écriture même ; elle dépasse
son compagnon Denis Vanier tant dans la hardiesse que
l'efficacité de son verbe. Jeune et brillante élève au Collège
Sainte-Marie, puis en théâtre à l'Université du Québec
à Montréal (UQÀM) et en Allemagne, elle enseigne un
temps. Sa rencontre avec Denis Vanier en 1975 en fait l'ange noir de la contre-culture ;
les titres de ses livres tout autant que ses illustrations, de *Filles-commandos bandées* (1976)
à *Héroïne* (1992), sont les images mêmes de cette révolte et de cette désespérance.
Elle décède du sida qu'elle-même et Vanier se sont inoculé. Ses œuvres sont
encore dispersées.

Sortir des bordels

« Sortir des bordels décorés bien
devanturés pour s'avouer dans
les rues le vrai Bordel de la vie ».

on finit par s'habituer à l'anormalité

à la répartition de la pénurie chez les cadavres raisonnables au nom du principe rendement.

la putain n'est pas celle que vous pensez : mercenaires enlisés de 9 à 5 pour l'avènement
d'un bien-être qui n'est pas le vôtre.

dans un société subtilement hypnotique, huit heures de travail punché par jour rend comme
une guénille qui a juste le temps de sécher avant le prochain usage.

mon temps s'achète à manufacturer des boutons pour tenir les culottes de gens qui n'ont pas le temps.

attendre la fin de semaine, attendre d'être grand, attendre d'être compétent.

on passe sa vie à s'évanouir. 147

De la poussière d'ange

Que des romans de madones annamites
noués dans des sleeping-bags luxueux
et le piano s'égare
une colonie d'algues sur les dents
elle se répand comme l'huile
d'une famille nucléaire
reine des marinades à penser-double
rock-bottom au napalm
pour enflammer ses pieds d'admiration
une ballerine subventionna chevreuils et sangliers
de vials de périactine
un chèque, un regard, un cours classique
lutteuse pour les Barracks
la vérité dérape sur les plinthes grasses
on n'échappe point au battement d'espoir
de la contagion difficile
comme une plastie de l'urine
paralysée le couteau dans le chausson
un parfum froissé
elle ne sera jamais
la fille tatouée du sauna
facile à suivre marquée de bas en haut
ses cicatrices opérant comme dédicaces. [148]

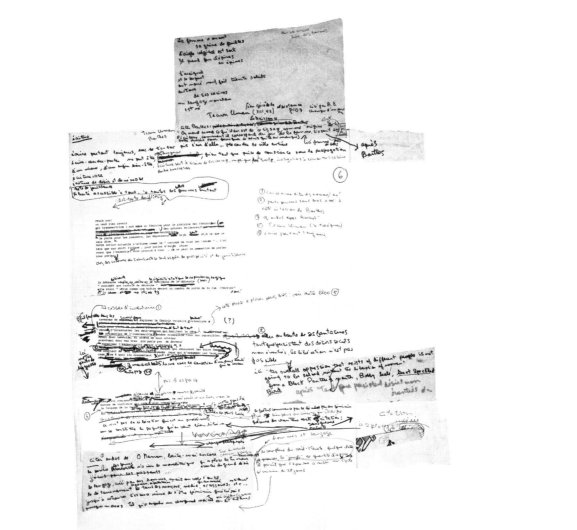

« Sans titre », manuscrit de Josée Yvon, 1976.

Anne-Marie Alonzo

Alexandrie, Égypte 1951 — Laval 2005

Une écriture de l'immobilité, de la douleur, du courage, du dépassement de soi. Comment pourrait-il en être autrement puisqu'en 1966, un accident de la route rend Anne-Marie Alonzo tétraplégique, la clouant à un fauteuil roulant jusqu'à la fin de ses jours. Née à Alexandrie en Égypte, dans une famille francophile et chrétienne, elle arrive à Montréal en 1963 où elle poursuit des études, notamment en lettres à l'Université de Montréal jusqu'au doctorat (1987); en 1980, elle y donne des cours de création littéraire. Son handicap ne l'arrête pas, elle en fait la trame de son premier recueil, *Geste* (1979); elle est le sujet de son œuvre, toute féministe et lesbienne, en symbiose avec les femmes qui l'assistent, lui permettent de vivre. En 1985, elle participe à la fondation de la revue *Trois*, devenue une maison d'édition puis, de 1989 à 2005, un Festival de Trois à la Maison des Arts de Laval. Première Néo-québécoise à recevoir le prix Émile-Nelligan pour *Bleu mine* (1985), son œuvre est restée dispersée.

Simple litanie

Tes lettres se ressemblent ne sont jamais pareilles.

De ton prénom s'écoule l'eau. En hébreu arabe hébreu.
Toutes langues sémites de nos pays d'enfance.

> journal si peu intime mots se croisent les mots
> s'inversent se toisent ne pas confier éviter
> le dire-soi chercher trouver l'autre.

Suis rarement celle prénommée sentir alors ta bouche recevoir souffle et mouvements d'air.

Tu demandes permission. De garder retenir ce qui déjà t'est offert.

Assise au bord du lit tu souris je dis : Tu ressembles! à une sculpture. Claudel / Rodin.
    Ton dos fait courbe léchée de lumière. Ta jambe repliée tu pourrais être arabe. Toujours
    mouillés tes cheveux tu me touches me cherches. Parfois tu dis. Je n'entends qu'à peine.
    Ton corps me capte enveloppe me couvre.

Il n'y a plus la pose ni l'arche du dos.

> chercher le ton ne pas seulement s'écrire mais rejoindre l'autre dans les lignes.

Tu proposes le restaurant. Je vois la canne crois à la foulure jambe cassée.

Aujourd'hui je prie que tu ne meures ou meures avant que ne cesse la courbe. Claudel / Rodin. Dans
la lumière.

Que tu (ne) meures!

Ressemble étrangement ton corps au mien. Te voir me regarde!

Tu marches encore tu boites tiens cannes béquilles parfois tu t'assois.

  l'intime se partage doit être partagé j'écris me livre te donne à lire ce qui de moi s'évente.

Ailleurs — je sais! — les mouvements cassent. Tombe fléchit ton doigt ton bras ta langue
    en douleur.

Tu m'écris et j'écris de si loin qu'humeur s'estompe. Où es-tu à cette heure? Tu ne dors ni moi.
    Au téléphone ta voix trop seul ce désir.

La fatigue surtout tu marches moins.

  pas de journal tel qu'attendu pas de confession mais du vivre avant toute chose.

Plombent tes jambes comme les miennes depuis. Plombent ces jambes de bois orthèses prothèses.
    Nous ne sommes plus seules gavées de cuir / chrome / plastique. Tout serre ne se perd.
    Plombent tes jambes se collent aux miennes pour tomber.

Aujourd'hui la chaise! par moments déjà la chaise.

Le désir pourtant sauvage le désir attendu de toi. Tu dis : Maladie tu la nommes.

S'abattent alors malheurs et lamentations je ne te veux / vois immobile. Je rejette refuse repousse.
    Je ne hurle ni ne crie je répète seulement : Non! Comme on glisse. fuir cahier clefs coffres
    forts ouvrir la page l'offrir à l'œil dire : voici sans (se) regarder écrire devient T'écrire et
    écrire au-delà.

Tu te couches t'allonges te colles à moi. Ta peau est fine. Longues tes jambes et ton corps.
    Nous sommes de même taille. Tu prends mon sein le prends sur tes lèvres. Tes yeux se cachent
    mouillés tes cheveux la courbe de ton dos. Claudel / Rodin. Caresse la chandelle effleure.
    Tu me cherches me trouves à nouveau me cherches et trouves tu ne te lasses pas.

Tes lettres me rejoignent précisent le manque tu dis : L'absence.

refuse ce journal comme refuse narcisse à l'étang écrire n'est pas écrire si non lu / ouvert / donné
    voici donc l'intime offert de mémoire. [149]

Marie Uguay

Montréal 1955 — Montréal 1981

L'écriture de Marie Uguay, femme au terrible destin, s'effrite dans une passion intense, d'une plasticité exceptionnelle, ludique aussi, friable et inéluctable autant que le rêve et la mort. Née à Montréal, elle fait ses études au Collège Marguerite-Bourgeois, puis en lettres à l'Université du Québec à Montréal. Son combat contre un cancer, arrivé trop tôt dans sa brève existence, vient moduler toute son écriture. Sa participation à la Nuit de la poésie de 1980, puis le film-entretien avec Jean Royer, que Jean-Claude Labrecque réalise (1981), révèlent non seulement son authenticité, sa liberté et son courage, mais une plénitude qui ne finit pas de bouleverser. La fondation Émile-Nelligan lui remet sa médaille à titre posthume et la Ville de Montréal donne son nom à la bibliothèque de la maison de la culture de Ville-Émard. Boréal publie, en 2005, *Poèmes* (édition de Jacques Brault), et son compagnon Stéphane Kovacs édite son *Journal*.

Aux matins d'eau morte

Aux matins d'eau morte
châssis d'abîme aux labours des mois et des amours
sous les paupières du demi-sommeil
j'entends ton souffle pénétrer la lumière

Le printemps rose et suant
monte des forêts
L'été chauffé à blanc
Octobre dans son sang
et ses écorces vermoulues
L'hiver avec le rythme sourd de l'espace

Mesures du temps et toi dans l'ardente substance

Tout un voyage est resté en nous
et notre rêve dérive
vers le reste du monde

Rémanence du plaisir
corps d'attention et d'enfreintes
corps d'airain et de lassitude
ton cou de cerf pulpeux et pâle
et ta douceur ce flambeau
qui sollicite la nuit ₁₅₀

La fenêtre comme l'écran

La fenêtre comme l'écran
où des existences passent
sous la gestation des neiges
où la réverbération des torpeurs
Toile sans fond des averses
La fenêtre est calquée à l'envers de ton visage
Tendue
c'est une huile   un dessin   un film
Géométrie des plaines et des températures
Jardin
Vitrine
Tout l'univers est resté de l'autre côté du regard
La fenêtre traversée
la pupille s'oublie
éclats et brisures
nous sommes entrés dans la matière
dans le vif-argent du sujet
dans l'histoire
Nous avons goûté enfin aux choses et aux visages [151]

Cette mise en scène

Cette mise en scène élaborée que constitue ton corps et je ne puis plus détacher mes désirs anciens de ce désir, ni détacher ma destinée de ce désir. Il comporte trop de risques, relance en moi trop d'impressions lointaines, d'espoirs inassouvis, de craintes primordiales. Il m'a précédée dans ma naissance. Ce désir-là est le gonflement de tous les autres, il procède aussi de mes plus vives anticipations comme de l'enfance la plus oubliée. Maintenant j'ai peur d'admettre la passation de ton visage dans mes souvenirs. Je m'agrippe à cette douleur de te maintenir par le désir toujours présent. Mon amour à chaque pensée est immédiat et éphémère. Tu nais et meurs sans cesse en moi. Ton corps est un point fixe et une multiplication de paysages tout à la fois. À celui qui ne comprendra peut-être jamais la très silencieuse mythologie des petites filles, mon amour a pris en toi la forme d'un rêve. 152

Ce recueil, réalisé d'après la conception graphique de l'auteur, a été achevé d'imprimer sur les Presses Elite, le vingt-neuvième jour du mois d'octobre mil neuf cent soixante-seize pour le compte des Éditions du Noroît de Saint-Lambert. L'édition originale comprend 1,000 exemplaires, dont 100 exemplaires numérotés à la main, signés par l'auteur et réservés aux amis du Noroît.

Ex no 8

Marie Uguay

Colophon et signature de Marie Uguay, dans Signe et rumeur, *Saint-Lambert, Éditions du Noroît, 1976.*

Bibliographie

1. CRÉMAZIE, Octave. *Œuvres, tome 1, Poésies*. Ottawa : Éditions de l'Université d'Ottawa, 1972.

2. GARNEAU, Alfred. *Poésies*. Montréal : Beauchemin, 1906.

3. LEMAY, Léon Pamphile. *Les épis*. Montréal : J.-Alfred Guay, 1914.

4. FRÉCHETTE, Louis. *Poésies choisies*. Montréal : Beauchemin, 1908.

5. ROUTHIER, Adolphe-Basile. *Les échos*. Québec : P.-G. Delisle, 1882.

6. CHAPMAN, William. *Quelques poèmes de Chapman*. Saint-Joseph de Beauce : Société historique de la Chaudière, 1949.

7. BEAUCHEMIN, Nérée. *Son Œuvre, Vol.1*. Montréal : Presses de l'Université du Québec, 1973.

8. ÉVANTUREL, Eudore. *L'Œuvre poétique d'Eudore Évanturel*. Québec : Presses de l'Université de Laval, 1988.

9. Ibid.

10. GUINDON, Arthur. *En Mocassins*. Montréal : Imprimerie de L'Institution des sourds-muets, 1920.

11. DANTIN, Louis. *La Triste histoire de Li-Hung Fong et autres poèmes*. Montréal : Les Herbes rouges, 2003.

12. WARREN, Louise. *Léonise Valois, femme de lettres, 1868-1936*. Montréal : L'Hexagone, 1993.

13. GILL, Charles. *Poésies complètes*. Montréal : Hurtubise HMH, 1997.

14. Ibid.

15. CIRCÉ-CÔTÉ, Éva. *Bleu, Blanc, Rouge : poésies, paysages, causeries*. Montréal : Déom Frères, 1903.

16. FERLAND, Albert. *Albert Ferland, 1872-1943 : du pays de Canard Blanc Wâbininicib au Plateau Mont-Royal*. Montréal : Écrits des Hautes-Terres, 2003.

17. Ibid.

18. DOUCET, Louis-Joseph. *Sur les remparts*. Québec : s.n., 1911.

19. CHARBONNEAU, Jean. *L'Âge de sang*. Paris : A. Lemerre, 1921.

20. LÉVEILLÉ, Lionel. *Chante rossignol, chante*. Montréal : L'Éclaireur Beauceville, 1925.

21. BUSSIÈRES, Arthur de. *Les Bengalis d'Arthur de Bussières avec des textes inédits*. Sherbrooke : Cosmos, 1975.

22. Ibid.

23. LOZEAU, Albert. *Œuvres poétiques complètes*. Montréal : Presses de l'Université de Montréal, 2002.

24. Ibid.

25. Ibid.

26. NELLIGAN, Émile. *Poésies*. Montréal : Fides, 1967.

27. Ibid.

28. Ibid.

29. Ibid.

30. BEAUREGARD, Alphonse. *Les Alternances, poèmes*. Montréal : R. Maillet, 1921.

31. DUGAS, Marcel. *Poèmes en prose*. Montréal : Presses de l'Université de Montréal, 1998.

32. Ibid.

33. CHOPIN, René. *Dominantes*. Montréal : A. Lévesque, 1933.

34. ROQUEBRUNE, Robert de. *L'Invitation à la vie*, suivi de *Paysages et autres proses*, coll. « Five o'clock », Montréal : Les Herbes rouges, 2002.

35. LAMONTAGNE-BEAUREGARD, Blanche. *Anthologie de Blanche Lamontagne-Beauregard*. Montréal : Guérin, 1989.

36. MORIN, Paul. *Œuvres poétiques complètes*. Montréal : Presses de l'Université de Montréal, 2000.

37. Ibid.

38. NARRACHE, Jean. *J'parle tout seul quand Jean Narrache*. Montréal : Éditions de l'Homme, 1961.

39. LORANGER, Jean-Aubert. *Les Atmosphères; suivi de Poèmes*. Montréal : HMH, 1970.

40. Ibid.

41. VÉZINA, Medjé. *Chaque heure a son visage*. Montréal : Les Herbes rouges, 1999.

42. SAVARD, Félix-Antoine. *Le Bouscueil*. Montréal : Fides, 1972.

43. Ibid.

44. BERNIER, Jovette-Alice. *Comme l'oiseau*. Québec : s.n., 1926.

45. BERNIER, Jovette-Alice. *Mon deuil en rouge*. Montréal : S. Brousseau, 1945.

46. GRANDBOIS, Alain. *Lettre à Lucienne*. Montréal : L'Hexagone, 1987.

47. GRANDBOIS, Alain. *Poèmes*. Montréal : L'Hexagone, 1979.

48. ROUTIER, Simone. *Comment vient l'amour et autres poèmes*, coll. « Five o'clock », Montréal : Éditions Les Herbes Rouges, 2005.

49. ROUTIER, Simone. *Les tentations*. Paris : Éditions de la Caravelle, 1934.

50. ROUTIER, Simone. *Le long voyage*. Montréal : La Lyre et de la Croix, 1947.

51. DESROCHERS, Alfred. *Le choix de Clémence dans l'œuvre d'Alfred Des Rochers*. Notre-Dame des Laurentides : Presses Laurentiennes, 1981.

52. Ibid.

53. HERTEL, François. *Strophes et catastrophes*. Montréal : Éditions de l'Arbre, 1943.

54. HERTEL, François. *Poèmes d'hier et d'aujourd'hui, 1927-1967*. Montréal : Parti Pris, 1967.

55. SENÉCAL, Éva. *La Course dans l'aurore*. Sherbrooke : La Tribune, 1929.

56. CHOQUETTE, Robert. *Œuvres poétiques, Vol. 1*. 2e éd. rev. et augm. Montréal : Fides, 1967.

57. CHABOT, Cécile. *Vitrail*. Montréal : B. Valiquette, 1940.

58. Ibid.

59. LASNIER, Rina. *Le Choix de Rina Lasnier dans l'œuvre de Rina Lasnier*. Notre-Dame des Laurentides : Presses Laurentiennes, 1981.

60. LASNIER, Rina. *Poèmes II*. Montréal : Fides, 1972.

61. Ibid.

62. Ibid.

63. SAINT-DENYS-GARNEAU, Hector de. *Œuvres*. Montréal : Presses de l'Université de Montréal, 1971.

64. Ibid.

65. LECLERC, Félix. *Tout Félix en chansons*. Québec : Nuit blanche, 1996.

66. Ibid.

67. Ibid. (Avec l'aimable autorisation d'Olivi Musique.)

68. Ibid. (Avec l'aimable autorisation d'Olivi Musique.)

69. HÉBERT, Anne. *Œuvres poétiques 1950-1990*. Montréal : Boréal, 1992.

70. Ibid.

71. Ibid.

72. Ibid.

73. PICHÉ, Alphonse.

74. PICHÉ, Alphonse. *Poèmes 1946-1968*. Montréal : L'Hexagone, 1976.

75. JOMPHE, Roland. *De l'eau salée dans les veines*. Montréal : Leméac, 1968.

76. HÉNAULT, Gilles. *Poèmes 1937-1993*. Montréal : Sémaphore, 2006.

77. Ibid.

78. Ibid.

79. BESSETTE, Gérard. *Poèmes temporels*. Montréal : Le Jour, 1972.

80. GRANDMONT, Éloi de. *Une saison en chanson*. Montréal : Leméac, 1963.

81. MAILLET, Andrée. *Le Paradigme de l'idole : essai-poème de phénoménologie.* Montréal : Amérique Française, 1964.

82. MAILLET, Andrée. *Le chant de l'Iroquoise : poèmes.* Montréal : Le Jour, 1967.

83. BOISVERT, Réginald. *Poèmes pour un homme juste, 1949-1985.* Montréal : L'Hexagone, 1989.

84. BEAULIEU, Maurice. *Il fait clair de glaise.* Montréal : Orphée, 1958.

85. TREMBLAY, Gemma. *Poèmes 1960-1972.* Montréal : L'Hexagone, 1989.

86. Ibid.

87. GAUVREAU, Claude. *Œuvres créatrices complètes.* Montréal : Parti Pris, 1977.

88. Ibid.

89. Ibid.

90. Ibid.

91. FORGUES, Rémi-Paul. *Poèmes du vent et des ombres.* Montréal : L'Hexagone, 1974.

92. LEMOINE, Wilfrid. *Les Pas sur la terre.* Montréal : Chantecler, 1953.

93. LEMOINE, Wilfrid. *Sauf-conduits.* Montréal : Orphée, 1963.

94. PERRAULT, Pierre. *Chouennes : poèmes 1961-1971.* Montréal : L'Hexagone, 1975.

95. PERRAULT, Pierre. *Gélivures.* Montréal : L'Hexagone, 1977.

96. DUMONT, Fernand. *L'Ange du matin.* Montréal : Éditions de Malte, 1952.

97. RENAUD, Thérèse. *Imaginaires surréalistes*, coll. « Enthousiasme », Montréal : Les Herbes rouges, 1975.

98. Ibid.

99. MIRON, Gaston. *L'Homme rapaillé*. Montréal : L'Hexagone, 1994.

100. Ibid.

101. CARTIER, Georges. *Chanteaux, poèmes 1954-1974*. Montréal : La Presse, 1976.

102. GIGUÈRE, Roland. *Forêt vierge folle : poèmes et proses*. Montréal : L'Hexagone, 1978.

103. Ibid.

104. GIGUÈRE, Roland. *L'âge de la Parole*. Montréal : L'Hexagone, 1965.

105. SCHENDEL, Michel van. *Bitumes*. Montréal : L'Hexagone, 1998.

106. SCHENDEL, Michel van. *Mille pas dans le jardin font aussi le tour du monde* Montréal : L'Hexagone, 2005.

107. GARNEAU, Sylvain. *Objets retrouvés : poèmes et proses*. Montréal : Librairie Déom, 1965.

108. Ibid.

109. SAINT-DENIS, Janou. *La roue du feu secret*. Montréal : Leméac, 1985.

110. DOR, Georges. *Poèmes et chansons 2*. Montréal : Leméac, 1971. (Avec la permission des Éditions Emmanuel inc., 1966.)

111. BASILE, Jean. *Journal poétique*. Montréal : Le Jour, 1973.

112. SAINT-PIERRE, Madeleine. Poème inédit.

113. Ibid.

114. BUJOLD, Françoise. *Piouke fille unique*. Montréal : Parti Pris, 1982.

115. ROBERT, Guy. *Québec se meurt*. Montréal : Songe, 1969.

116. MORISSEAU, Roland. *Poésie 1960-1991*. Montréal : Guernica, 1992.

117. STRARAM, Patrick. *Iris coffees au no name bar & vin rouge valley of the moon*. Montréal : L'Hexagone, 1972.

118. STRARAM, Patrick. *4X4/4X4*. Montréal : Les Herbes rouges, 1974.

119. BONENFANT, Joseph. *Grandes aires*. Québec : s.n., 1984.

120. Ibid.

121. GODIN, Gérald. *Ils ne demandaient qu'à brûler*. Éd. rev. et augm. par André Gervais. Montréal : L'Hexagone, 2001.

122. Ibid.

123. Ibid.

124. Ibid.

125. LANGEVIN, Gilbert. *Ouvrir le feu*. Montréal : Le Jour, 1971.

126. LANGEVIN, Gilbert. *Poèmes à l'effigie de Larouche, Larsen, Miron, Carrier, Chatillon, Caron, Marguère et moi*. Montréal : Atys, 1960.

127. LANGEVIN, Gilbert. *L'Avion rose*. Montréal : La Presse, 1976.

128. LANGEVIN, Gilbert. *La voix que j'ai*. Montréal : VLB, 1976.

129. DAVERTIGE. *Anthologie secrète*. Montréal : Mémoire d'encrier, 2003.

130. BEAULIEU, Michel. *Fuseaux : Poèmes choisis*. Montréal : Éditions du Noroît, 1996.

131. Ibid.

132. Ibid.

133. LELIÈVRE, Sylvain. *Entre écrire : poèmes et chansons, 1962-1982*. Montréal : Nouvelles éditions de L'Arc, 1982.

134. Ibid.

135. GOUIN, Gaston. *Temps Obus, 1963-1968*. Sherbrooke : Librairie de la cité universitaire, 1969.

136. GAULIN, Huguette. *Lecture en vélocipède*, coll. « Enthousiasme », Montréal : Les Herbes rouges, 1972.

137. Ibid.

138. CHANTRAINE, Pol. *Cœur à l'envers, cœur à l'endroit*. Montréal : Orphée, 1989.

139. AMYOT, Geneviève. *La mort était extravagante; suivi de Nous sommes beaucoup qui avons peur*. Montréal : Éditions du Noroît, 2003.

140. GEOFFROY, Louis. *Le Saint rouge et la pécheresse, musiques, 1963-1974*. Montréal : L'Hexagone, 1990.

141. Ibid.

142. Ibid.

143. VANIER, Denis. *Œuvres poétiques complètes, tome 1, 1965-1979*. Montréal : VLB, 1980.

144. Ibid.

145. VANIER, Denis. *Le Baptême de Judas*. Montréal : Les Herbes rouges, 1998.

146. VANIER, Denis. *Porter plainte au criminel*. Montréal : Les Herbes rouges, 2001.

147. YVON, Josée. *Filles-commandos bandée*. Montréal : Les Herbes Rouges, 1976.

148. YVON, Josée. *L'âme défigurée*. Bordeaux, France : Le Castor Astral, 1984.

149. ALONZO, Anne-Marie. *Le Livre des ruptures*. Montréal : L'Hexagone, 1988.

150. UGUAY, Marie. *Poèmes*. Montréal : Boréal, 2005.

151. Ibid.

152. Ibid.

Index des auteurs

Table des matières

Les poètes disparus du Québec 1827-2007

Mot sur l'auteur

Gaëtan Dostie est né à Sherbrooke en 1946. Poète, éditeur, vidéaste, collectionneur et producteur. Il a été coproducteur du *Solstice de la poésie québécoise*, COJO, 1976, et directeur général des Éditions Parti Pris de 1976 à 1984. Depuis 1976, il a filmé quelques quatre cents poètes et, depuis 1955, il collectionne les imprimés littéraires et autres artéfacts des Français d'Amérique du Nord. Secrétaire de Gaston Miron de 1972-1975 et collaborateur d'Hubert Aquin aux Éditions La Presse en 1975-1976. Producteur de l'exposition *Roland Giguère* à la Bibliothèque nationale du Québec, mai 1998 et à la Chapelle historique du Bon Pasteur en octobre 1999. Exposition : *La Poésie mur à mur*, collection de 55 poèmes-affiches, au Musée de Charlevoix du 17 mars au 7 mai 2006.

Il est membre et hôte des «Mardis des Poètes de Port-Royal» depuis 1998. Il a publié en 2003, en collaboration avec Jean-Guy Paquin, *Albert Ferland, 1872-1943* et *Du Pays de Canard Blanc Wâbininicib au plateau Mont-Royal* aux Écrits des Hautes-Terres. Pour «Le Marché de la poésie de Montréal», depuis 2002, il a donné des visites commentées, dont *Sur les traces de Nelligan et de l'École littéraire de Montréal* et *Poètes et éditeurs du Plateau Mont-Royal, 1950-1970*. Pour le Centre Canadien d'Architecture (CCA), une conférence illustrée sur «Le Combat d'avant-garde de la littérature montréalaise, 1960-70» le 14 avril 2005. Il est président de la *Fondation Octobre 70* depuis 1993.

Le présent ouvrage
a été achevé d'imprimé
chez Transcontinental Gagné
ainsi qu'au département
d'impression
du Collège Ahuntsic
en septembre 2007